组块教学·智慧教师研修书

跟着名师教语文

沈静怡 著

江西教育出版社
JIANGXI EDUCATION PUBLISHING HOUSE
·南昌·

图书在版编目(CIP)数据

跟着名师教语文 / 沈静怡著. —— 南昌:江西教育出版社, 2021.4 (2021.11 重印)

ISBN 978-7-5705-2281-1

Ⅰ.①跟⋯ Ⅱ.①沈⋯ Ⅲ.①小学语文课 – 教学参考资料 Ⅳ.① G623.203

中国版本图书馆 CIP 数据核字 (2020) 第 265371 号

跟着名师教语文

GEN ZHE MINGSHI JIAO YUWEN

沈静怡 著

江西教育出版社出版

(南昌市抚河北路 291 号　　邮编:330008)

各地新华书店经销

江西省和平印务有限公司印刷

720 毫米 ×1000 毫米　　16 开本　　11 印张　　字数 151 千字

2021 年 4 月第 1 版　　2021 年 11 月第 2 次印刷

ISBN 978-7-5705-2281-1

定价:36.00 元

赣教版图书如有印装质量问题,请向我社调换 电话:0791-86710427

投稿邮箱:JXJYCBS@163.com　　电话:0791-86705643

网址:http://www.jxeph.com

赣版权登字 -02-2020-643

版权所有 侵权必究

推开门后的新发现
——为"组块教学·智慧教师研修书系"而作

今天清晨，降温了，很舒适，我的心情颇好。坐在窗前的书桌上，我翻阅苏州吴江盛泽实验小学（简称盛泽实小）的书稿——"组块教学·智慧教师研修书系"，心情甚好，在舒适外，还有很多的惊喜，像是吹来一阵阵凉风，送来一股股清新的空气，读着书稿，似乎我也生长了一些智慧，因为智慧是对情境的认知、辨别和顿悟。而盛泽实小的教师研修书系，本身就是一种情境，这一情境特别真实、丰富和生动。

还有另一种感觉，那就是读盛泽实小的教师研修书系，像是推开了一扇门。尽管我不知多少次走进过盛泽实小的校门，但是，这次感受不同。书系这扇门，更宽敞，更明亮，更宏大，也更灿烂。这扇门是文化之门、思想之门、智慧之门，它虽是抽象的，却也是丰富的，因为日常所有的生活都凝结在一起，折射出盛泽实小教师们的情怀、哲思，以及在他们耕耘着的田野上飘逸着的文化。这扇门是开放的，却也是需要推开的。轻轻推开，才会在一刹那有了新的发现与感悟，原来，推开门就是打开边际，才能听到"边际"上的对话，触及学校的"内在秩序"，感受"在一起"的力量，盛泽实小的书系又一次唤醒了我的耳朵，让我倾听那美妙的旋律。

不妨把盛泽实小教师研修书系看作是教师的"人间词话"。于是，王国维所辑词话的三重境界浮现在我的眼前："昨夜西风凋碧树。独上高楼，望尽天涯路。""衣带渐宽终不悔,为伊消得人憔悴。""众里寻他千百度,蓦然回首,那人却在灯火阑珊处。"盛泽实小人已用书系搭建了这三重境界的阶梯,向着那境界攀升,书系也正是这三重境界的真实写照。在这个时代,我们的教师,我们的学校需要有自己的"词话"。

推开门,首先看到的是校长薛法根,因为他总是站在"校门口"——学校的前端和高处。说到盛泽实小,薛法根是一个绕不过的人,因为有了薛法根,才有了今天的盛泽实小,才有了这一书系。站在校门口,我最想说的是一句老话:一个好校长可以成就一所好学校。的确,历史与现实不止一次地证明,一个好校长之好,在于他和教师们一起创造了学校的文化,恰恰是文化上的进步,才使学校迈向自由的境界;好校长之好,还在于他让教师成为创造者,而教师又去创造课程、创造教学、创造学校、"创造"学生。薛法根的确是一个好校长,他是伟大的。帕克·帕尔默说:"伟大的事物,不在别的,而在于主体,在于自己。"薛法根用他所坚守的智慧教育理念建构了学校的核心主张,用他所坚守的语文组块教学指引了学校的课程改革、教学改革;"组块"已成为结构、关联、融通、跨界学习的代名词,成为学校课改、教改的核心理念。依我看,薛法根用自己的情怀,用自己的智慧,用自己的行动,诠释并践行了"教师第一"的理念与思想。薛法根是好校长,是名校长,是智者,我们应该向他致敬。

推开门,还应该说点"新话","新话"是教师们在书系里的所思所言,所彰显的是教师发展的理念和主张,其实这些"新话"都是在"老话"中生长起来的。

"组块教学·智慧教师研修书系"告诉我们,首先,教师发展源自生命,教师发展是为了丰盈生命,提升生命的价值与意义。教师发展的"第一动力"应是内生力,是生命的创造力。丰盈的生命和心灵,激发教育的新发展和真学问的出现。书系为教师开辟了一条新路,那就是视野要广,格局要大,格调要高,境界要高。王国维说:"有境界自成高格。"换个角度看,生命力源自对价值的认知、澄清与选择,用书里的话来说,就是要寻找自己的边际,建构自己的价值坐标,让价值照耀自己的天空。

其次，教师发展源自宗旨，宗旨犹如人生和教学的指南针。教师离不开学科，离不开教学，学科教学是教师发展的基地，甚至可以说是教师发展的摇篮。盛泽实小的教师们非常清楚，发展自己、提升自己，是为了学生，并且与学生共同成长；而学科的宗旨是育人，学科育人、教学育人是教学的指南针，也是教改的准绳。这一宗旨催生了教师的使命感。盛泽实小的教师对学科育人有自己的理解，那就是要明晰教学的"内在秩序"，教改的深意在于重建学科教学的"内在秩序"。指南针也好，准绳也罢，使命也好，"内在秩序"也罢，盛泽实小有自己独特的表达：组块教学，以及由组块教学所引发的联结性教学。他们已基本上寻找到学科育人的校本化实现方式，正是在这样的过程中，教师的发展得以优化。

再次，教师发展的深度源自研究、实验与提炼。这一书系让我特别有感觉的是，每一本书都有一定的深度，理性思考的水平明显提升。深度从何而来？书系告诉我们，其一，要坚守实践。永远不离开"田野"，永远扎根在大地上，从丰厚的实践土壤里汲取营养和力量。其二，要研究。"笔尖下的教育生活"要研究，多觉联动音乐教学要实验，综合实践活动也需要探索。有研究，才会有深层次的思考。在盛泽实小，研究已成为教师们学习、工作的方式，这真是可喜可贵。其三，要总结、概括、提炼。从经验感悟走向理性思考，从实践走向理论，从散状走向结构，走向体系建构。他们注重在感性的基础上加以梳理、概括和提炼，概括是有序、有效的，提炼是有深度和力度的。这一书系就是一个极好的典型。值得注意的是，盛泽实小的教师从不同的角度去认识、剖析"伙伴与伙伴德育"，尤其是对道德学习、对话世界做了有深度的提炼。研究性、学术性明显加强，与此同时，他们探索了伙伴德育的不同途径和方式，发现了"在一起"的力量。这一研究前景很好。

最后，表达方式上的多样化，使书系显得亲切、丰富，阅读时犹如与作者促膝谈心，又犹如聆听一次倾诉。美国伦理学家麦金太尔说："人在他的虚构中，也在他的行为和实践中，本质上都是一个说故事的动物。"而赵汀阳认为，文化就是一个故事。读着书系里的故事，一个个活生生的有内涵的教师站在我面前，故事里透射出来的哲思，令我好感动啊！向盛泽实小的教师致敬。

"新话"是创新、创造后的言说，言说源自心灵的感悟。美丽的心灵，带来推开门后的一片风景、一片思想的丛林、一片更加美好的开阔地。我最想说的是：盛泽实小，你好！

成尚荣

2019年9月19日

目　　录

第一章　读懂身边语文人的教育情怀

那名教育者的"驯养" / 002

关照整节语文课 / 005

"透彻"与"支架"里的智慧 / 011

她的课与我的文本解读 / 013

工作第一年的救命稻草 / 020

语文成长路上的陪伴 / 022

第二章　借鉴远方语文人的教育智慧

对儿童的认知 / 026

课堂中深度对话的实现 / 030

作文语言的生动与朴素 / 035

习作课堂中的三元素 / 037

用心教语文 / 041

从清晨开始阅读 / 045

第三章　探索自身教育教学的方法

给孩子插上自主识字的羽翼 / 050

让儿童诗住进孩子心里 / 052

借幽默改变学生的朗读状态 / 058

看见每个孩子的差异性 / 060

让孩子拥有没有作业的短假期 / 063

在体验与倾诉中蜕变 / 065

将《诗经》赠予孩子们 / 069

发挥大自然的力量 / 071

从考场纪律反思教育方式 / 074

模仿教育者在教学设计中的智慧 / 076

借助"整本书共读"的校本实践研究 / 079

以"小帮派"的形式实现差异教学 / 088

让有声体验走进习作修改 / 091

文本解读里的"四问法" / 096

第四章　实践组块教学理念的教学设计

乘着"组块教学"的东风 / 104

《智慧鸟信箱》教学设计 / 107

《三个小伙伴》教学设计 / 112

《小鹰学飞》教学设计 / 116

儿童诗《雨》教学实录 / 121

《美丽的丹顶鹤》教学实录 / 126

"并列式构段方式"教学设计(一磨) / 131

"并列式构段方式"教学设计(二磨) / 135

"并列式构段方式"教学设计(三磨) / 137

《父爱之舟》教学设计(一磨) / 141

《父爱之舟》教学设计(二磨) / 147

《父爱之舟》教学设计(三磨) / 153

"一课三磨"的影响 / 160

后　记 / 164

第一章

读懂身边语文人的教育情怀

> 在我身边,有许多拥有教育情怀的语文人。他们如同一片片树叶,以极为自谦的姿态,在天地间,感受四季的更替,感受小学语文天空的明媚与阴晦。若能读懂他们,便能更好地走近语文,走近人生的真谛。

那名教育者的"驯养"

看过《小王子》这本书的人，都会很熟悉"驯养"这个词，在有些译本中也将其翻译成了"驯化"，但就我个人而言，我更喜欢"驯养"的译法。"驯化"只是一种改变，比如将野猪驯化成家猪，将野狗驯化成家狗。而"驯养"不仅有"驯化"的意思，更有一种"养"的深情。

在《小王子》这本书中，"驯养"一词是从狐狸的嘴里说出来的。狐狸认为驯养是创造关系，是彼此需要；驯养者要非常有耐心；驯养要有仪式。

狐狸说："对我来说，你无非是个孩子，和其他成千上万个孩子没有什么区别。我不需要你。你也不需要我。对你来说，我无非是只狐狸，和其他成千上万只狐狸没有什么不同。但如果你驯养了我，那我们就会彼此需要。你对我来说是独一无二的，我对你来说也是独一无二的……"

"如果你驯养我，我的生活将会充满阳光。我将能够辨别一种与众不同的脚步声。别人的脚步声会让我躲到地下。而你的脚步声就像音乐般美好，会让我走出洞穴。还有，你看，你看到那片麦田吗？我不吃面包。小麦对我来说没有用。麦田不会让我想起什么。这是很悲哀的！但你的头发是金色的。所以你来驯养我是很美好的事情！小麦也是金色的，到时它将会让我想起你。我喜欢风吹过麦穗的声音……"

狐狸似乎是一位智者，用看似寻常的话语道出不寻常的哲理。读完上述文字后，我仿佛置身于橘黄色的路灯下，那些曾遇见的人，曾经历的事，一幕幕地从眼前掠过，令我时而欢喜，时而忧愁。我惊讶地发现我们可能都在无意识中"驯养"了别人，或被别人"驯养"了，而这样的"驯养"有时可能穷极一生都不会被发现。

我不知道此时作为读者的你，欣喜于自己"驯养"了谁，或被谁"驯养"了。

但我突然清楚地意识到：我和我的很多同事都被一位名叫薛法根的语文工作者"驯养"了。我们汲取他在语文教育上的智慧，而他也经常指点我们这些青年教师，在彼此的需要里，我们不断成长，而他的教育思想也不断成熟。

那些"青葱"岁月里，我清楚地记得有很长很长一段时间，我只有在学校开展的语文"一课三磨"活动中，才能有幸与他交流，才能得到他的指点。于我而言，那时的他是遥远的，是不真实的。

大自然里的风儿，最是有情，也最是无情，不经意间就吹走了我五年的时光。第六年，我去别的校区交流，离开了待了五年的本部，离开了熟悉的环境，不免心生淡淡的忧愁。好在，上天总是眷顾有点傻傻的、笨笨的我，交流前的暑假，我参加了苏州市小学语文素养大赛，在大赛中喜获一等奖。这个奖，使我从众多的语文教师中脱颖而出，得以被薛法根校长看见，得以有了我的被"驯养"。

当时的薛校长时常外出参加各种活动，这些活动对于青年教师、"菜鸟"教师的我来说，真是再好不过的滋养。我一直觉得定是托了那一等奖的福，我才有了和其他优秀教师一起跟着薛校长参加各种活动的机会。那时候的我才算近距离地与他有了接触。当然这种所谓的"接触"，仍像是胆怯的小学生和大学教授的相处。

跟着薛校长出去参加活动的次数多了，我发现他对小学语文真有自己独特的见解和感悟。他总是能在大型的展示课上，以清简、幽默的风格切合文本的核心，为学生铺设一个个走近作者、走近编者、走近文本，从而最终走进自我的台阶；在点评别人的课时，他又是那么的温和，那么的真诚，常以委婉的方式提出建议；在为各地教师做讲座时，他又是聪慧而豁达的，会毫不保留地把自己近期的研究所得与晚辈们分享。薛校长——亦师亦友，使其不知成了多少教师心中的偶像。

若要细说是薛校长的哪节课、哪次讲座"驯养"了我，我还真说不清楚，有种千言万语却塞于嘴边的感觉。想了很久，对于他的印象，滑到我嘴角的是"聪明"二字。我们常说勤奋是一个人成功的关键，但我总觉得如果能拥有聪明的脑袋,再加上勤奋,似乎是更为美妙的一件事。

"走近"他之前,从许多和他年龄相仿的教师那里听到过很多对他的认可,他们都评价他是一个很聪明的人。从小,我就是一个喜欢刨根问底的人,总喜欢透过表面的现象去探究本质的东西,所以当别人说他很聪明的时候,我脑子里想到的第一个问题是"他真的有那么聪明吗?"。不得不承认,那时的我可没有全信他们的话。

直到后来,亲历了一系列的事情,我才信了他的聪明!我们都知道这个便捷的社会,不知消泯了多少颗安于钻研的心,导致各行各业很多所谓的"成就"不过是偷了别人的东西,稍微改个头、换个面,再拿出来叨一叨罢了。但是,薛法根校长却潜心于小学语文教学的土壤,培植出了自己的"小学语文组块教学"。在这里,我不必再去赘述"小学语文组块教学"的价值,我们语文界的教师,甚至是全国所有学科的教育工作者都听过甚至研究过他的组块教学。他创造性的理念和务实的研究,让他的语文之树硕果累累,更在我校甚至全国范围内培养了一批又一批语文教育界的人才,为小学语文教育之路点亮了一盏经久不息的明灯。

如若单是语文教育的成功,我还不愿那么甘心地承认他的聪明。毕竟,让一个人真心地认可另一个人的聪明,是特别难又特别神圣的一件事。这两年,适逢我校大的变革,我校从一所学校变成了一个教育集团,新建了集团下的一所学校,这所学校被命名为"程开甲小学"。程开甲小学的蓝图是薛校长亲自设计的,它的规划、施工、建成、投入使用、发展方向,无不渗透着薛校长的心血,散发着他的智慧。学校正式运行还未到一年的时间,就在当地小有名气了,这似乎应了一句稍显矫情的话:他在,便一切安好;他在,便一切无恙。如若不聪明,那么他如何能掌好这个舵呢?

说到这里,我想薛校长对我的"驯养"可能真的跟小狐狸的"驯养"有点不同,但这又有何不可呢?对待世间万物,本就各人有各人的体悟。薛校长对我的"驯养"更多是我主动地、默默地在汲取养分。虽然一年又一年的时光里,我和薛校长说不上几句话，但透过他与生俱来的智慧，我看到了他的付出，他的努力，他的锲而不舍，而这不就是他"驯养"我的最好的精神养料吗？

人，生来就有惰性，我也不例外，有时候也想看看肥皂剧，或者单纯地发发呆，不去理那发丝里匆匆流过的时光。我常觉得自己是个典型的小阿Q，自我安慰的能力超强，当我想"堕落"的时候，便会不停地安慰自己：生活里也需要享受。但若是此时正好与薛校长发生了某种联结，比如：听了一节课，听了一个讲座，或者聊了几句……那我必定又会立马全身心地投入到语文教学中去，开始各种阅读，书写各种反思；又会化身为别人眼中努力工作、不断修炼自我的奋发小青年。现在一想，这种形式的"驯养"应该就和他身上散发的各种精神魅力有关，它们在时刻鞭策我、提醒我：少年郎，莫待白发苍苍，悔意绵绵。

可能源于就职在薛校长的学校，源于近水楼台的关系，薛校长对我的"驯养"几乎是从那年"走近"开始的，不曾间断过。

我想，不必等到白发苍苍，不必看多年后的沉与浮，薛校长于我的"驯养"，让我从心里念着他的那份好，因而感恩之心，必常有之。

关照整节语文课

沈玉芬校长，在我的心里，是一种特殊的存在。当我懵懵懂懂地加入盛泽实验小学这个大家庭时，初为人师的我，心里似乎住着许多的不安。而某一个阳光四溢的清晨，她向我迎面走来，像一个亲切的大姐姐询问我是否适应目前的工作，当时暖暖的阳光落在她的发梢上，落在她的眉眼间，落在她的笑靥里，也落在了我的心房中。

从那以后，我不再因为自己是一个新教师而充满焦虑，我开始全身心地投入到自己的教育教学中，遇到不懂的就问，遇到做错的就改。心里的那片天空，即使偶尔有阴云飘来，也会被那温暖如春的笑容驱散。

沈校长,于我不仅仅是一位大姐姐,更是一位导师。已然数不清,她曾听过我多少节课,给过我多少次指导,对我倾注过多少心血。我的语文教学之所以能有那小小的成绩,她的功劳实在是大得很。我特别喜欢听她上课,因为在她的课堂上我总能遇见智慧、遇见美好。

比如,她曾执教二年级的课文《纸船和风筝》。《纸船和风筝》是一个感人的童话故事,故事的主人公是松鼠和小熊。它们一个住在山顶,一个住在山脚,通过一条小溪,一片天空,借助一只只纸船,一只只风筝,折出也扎出了它们的友谊。只是友谊的小船有时候说翻就翻,松鼠和小熊在某一天为了一点小事吵架了,之后小溪里便不再有纸船,空中也不再有风筝。这该怎么办呢?好在,故事的结局让我们的心里甜滋滋的——松鼠和小熊和好啦!小溪里的纸船、空中的风筝,又充当起了它们友谊的小信使。

课上,沈校长先和孩子们一起走进了这个童话故事,随后又牵着他们的手走出了这个童话故事。她的课好像有着魔力,虽然台上的孩子已然有序地返回教室,听课的教师也说笑着离去,但是课堂上呈现的整个场景就像长了脚的小树苗,啪嗒啪嗒地跟着我,跟我念叨着属于它的记忆。我喜欢这节课,因为它基于孩子,基于生活,基于语文教学,同时它又是为了孩子,为了生活,为了语文教学。容我在这里,与你们简单地分享这节课的魅力。

一、课前:聊天的秘密

很多教师在上公开课的时候,都会在正式上课前和孩子们聊聊天。有些教师的"聊"是纯粹地聊天,用以舒缓孩子们的紧张,用以消磨时间;而有些教师的"聊"却藏着秘密,藏着深意。

其实,聊天不仅仅是为了缓和紧张的气氛,不仅仅是为了引出课题,更是在于有意识地把孩子们的发言引向一个点,或者为它们找到一个出口,而这个点与出口恰与接下来的教学紧密相连。

在沈校长的开场聊天中,就巧妙地隐藏着秘密。

师：这个字念什么？老师知道你们没有学过这个字。（板书：震）

生1：读"zhèn"。

师：哇，读对了。那这个字呢？（板书：泽）

生2：读"zé"。

师：哦，又对了。你们是怎么认识这两个字的呀？

生3：因为我生活的地方，它就被称为震泽。

师：是呀。小朋友们，你们生活的地方就叫震泽，你们上学的地方就叫震泽实验小学。

师：那这两个字认识吗？（板书：盛泽）

生4："shèng zé"。

师：你太棒了，你能告诉老师，你是怎么认识的吗？

生4：在站台上认识的。

师：哦，真了不起，这是个不错的识字方法。你们生活在震泽，沈老师呀，生活在盛泽，我所在的学校叫作盛泽实验小学。

师：小朋友们，你们再来看看这两个词语，有没有发现它们的一个共同点？

生5：都有一个"泽"字。

师：是的，它们都有一个"泽"字，这个字是一个形声字。它是什么偏旁呢？

生6：三点水。

师：还有哪些字也是这个偏旁？这些字都与什么有关呢？

生7：江、海、浪、波。

生8：游、泪、汪。这些字都与水有关。

师：是啊，我们的"震泽"和"盛泽"都有很多的河流，很多的水。因为我们生活的地方是江南水乡。

师：小朋友们，根据一个字的偏旁可以了解一个字的特点，根据一个字又可以了解一个地方的特点。

看完沈校长的这段开场聊天，你们是否和我一样，发现了她故意藏在里面的小秘密？是的，她以孩子们熟悉的地名、学校名，自己所生活的小镇的地名、所工作的学校的学校名作为开场聊天的内容，就是基于孩子，基于生活的。在聊天的最后，她又为孩子们寻得了一个出口，她告诉孩子们了解一个字的偏旁就能很好地了解一个字，了解了一个字又可以了解一个词语或者一个地方的特点。在接下来的正式上课环节，她就是围绕偏旁的特点展开教学的：根据一个字的偏旁可以了解一个字的特点，对应的是"船、筝"的教学；根据一个字了解一个词语的特点，对应的是"纸船、风筝"的教学。

二、课中：目标的聚焦性

在教学完"船—筝""纸船—风筝""折了一只纸船—扎了一只风筝""纸船漂呀漂，漂到了小熊家门口—风筝飘呀飘，飘到了松鼠家门口"这些字词句后，沈校长带着孩子们玩"对对子"的游戏。她引入了孩子们学过的《对韵歌》《古对今》中的部分内容，借以唤醒孩子们对语言形式要求中的"一一对应"的记忆。

在此基础上，她引导孩子们回顾第一板块，发现其中的字词句几乎也是一一对应的关系。

第二板块是让孩子们感知语言形式的一一对应，因而所有教学活动的设计都是指向这一目标。沈校长和孩子们一起讨论这个童话的主人公是谁，它们互相为对方做了什么事。这里，我不得不佩服特级教师的智慧。以下是师生交流后沈校长书写的板书：

松鼠　　折　　漂　　小松果　　祝你快乐

小熊　　扎　　飘　　草莓　　　祝你幸福

看了这样的板书，相信孩子们能更好地感受到语言形式的一一对应。写完板书后，沈校长询问孩子们："它们为对方做的事情有什么相同之处呢？"孩子们回答道："都送了东西，都传达了祝福，都是亲手做的。"在了解了相同之处后，沈校长和孩子们合作朗读了课文的1~6自然段，读后她说道："因为它们做的事情几乎都是一样的，所以描写它们的句子几乎也是一一对应的。"接着课件中出示:松鼠折了一只纸船,放在小溪里。纸船漂呀漂,漂到小熊的家门口。沈校长边出示这句话,边朗读。读完后,她微笑着问道:"小熊呢?"孩子们的小手唰唰地举起。待孩子们说完后,她又接着边读边出示:小熊拿起纸船一看,乐坏了。纸船里放着一个小松果,松果上挂着一张纸条,上面写着:"祝你快乐!"然后可爱的沈校长眯着眼询问道:"松鼠呢?"这次举手的人稍微少了些,不过还是有几个孩子说得相当不错。

刚才的两处说话练习是基于语言形式的——对应,基于文本内容的,难度比较低。接下来,沈校长牵着孩子们的手在不知不觉中利用语言形式的独特之处,也就是——对应,创编故事了。她根据原文做了六次改编,根据她的改编孩子们试着创编。以下是沈校长的设计:

(一)松鼠折了一只红色的纸船,放在小溪里。纸船就像松鼠自己身上的毛一样红。纸船漂呀漂,漂到了小熊家门口。小熊呢?

(二)松鼠折了一只蓝色的纸船,放在小溪里。纸船就像天空一样蓝。纸船漂呀漂,漂到了小熊家门口。小熊呢?

(三)松鼠折了一只特别大的纸船,放在小溪里。纸船上画着一幅画,画里是松鼠和小熊手牵着手在散步。纸船漂呀漂,漂到了小熊家门口。小熊呢?

(四)小熊拿起纸船一看,乐开了花。纸船里放着一个小核桃,核桃上挂着一张纸条,上面写着:"我很喜欢你!"松鼠呢?

(五)小熊拿起纸船一看,眼睛笑得都眯成了一条线。纸船里放着一罐蜂蜜,蜂蜜上挂着一张纸条,上面写着:"昨天晚上,我梦见了你,梦见和你一起在草地上放风筝,这个梦真甜!"松鼠呢?

(六)小熊拿起纸船一看,心里甜滋滋的。纸船里放着一个苹果,苹果上挂着一张纸条,上面写着:"我想和你做朋友,你愿意吗?"松鼠呢?

这六次改编,它的目的仍然是训练学生通过编故事,将语言形式的——对应通过内化、重组、输出,真正变成自己语文知识与语文能力的一部分。

三、课末：闪着光的问题

在不断地仿说、创编中，孩子们的语言表达能力得到发展，孩子们的思维得以发散，孩子们对于语言形式的一一对应定然有了更深刻的认识和体悟。

我本以为，这节课的最大亮点就在于沈校长始终引领孩子们关注本文的语言形式，训练语言形式。然而在这节课的最后，我竟得到了一个意想不到的彩蛋。根据故事情节发展中的小插曲(这篇课文的主人公——松鼠和小熊，在靠纸船和风筝传达友谊的时候，也发生了一次争吵，只不过故事的最后，它们通过纸船和风筝表达了彼此想要和好的心愿，并且实现了心愿)，沈校长在这节课的最后，提了这样一个问题："如果让你把这个故事讲给别人听，你最想讲给谁听？"一个男生"唰"地举手，大声说道："我要讲给我的'敌人'听！"沈校长故作惊讶地问道："为什么呀？"这个男生回答："因为我要通过这个故事让他知道，我们不应该成为敌人，应该做好朋友。"

听课的老师都发出了赞叹声，为沈校长点赞，为这位男生的回答点赞。沈校长看着全班同学，轻轻地说道："是啊，这个故事我们不仅要讲给我们的好朋友听，也要讲给我们的'小敌人'听，让他们也成为我们的好朋友。吵架了没关系，重要的是我们要学会和好！"至此，流进孩子们心里的情感教育升华了。这样的教学难道不是为了孩子，为了生活吗？

我们常会有这样的感受：越到一节课的尾声，有些教师似乎越觉得剩下的课堂时间不重要，就草草地结束课堂教学。但是沈校长，她作为一名特级教师，很好地为我们诠释了什么是教育！课堂教学中的每一个提问都该有其价值，每一个环节都该被珍视！

你能说这不是一个闪着光的问题吗？

一节精彩的课，真的会让人从心里喜欢！我们常说：因一个人，喜欢上一座城。其实，我们也会因一节课，敬佩上一个人！

"透彻"与"支架"里的智慧

她是一个散发着通透之气的人,是一个内心住满阳光的人,是一个愿俯身侧耳倾听的人。她是我们众人喜爱的王晓奕校长,也是了不起的小学语文特级教师。

要说到我和王校长的渊源,最初的该是我从教后第一次参加大型赛课——区级A课竞赛。当时的我才工作两三年,不论是文本解读能力,还是教学设计能力都比较弱,想要在区级A课竞赛中夺得好成绩必须要依靠团队的力量、名师的指点。当我的赛课课题出来后,王校长就立即放下她的工作,带着我解读文本,选择教学点,设计教学活动。当天下午教案就基本出炉了,第二天的第一节课我进行了试课,试课后再改教案,下午再试课。折腾了几次后,我越来越没有自信,整个人都处于懵圈状态了。王校长看我这副模样,从心里替我着急,她坐到电脑前,把我最后一遍试课的教案从头到尾地看了一遍,不合理的地方又亲自帮我进行了修改,并同我讲解这些设计的具体思路。我记得手心冒汗的我,那时只会傻傻地点头。

那天好像正巧是王校长家人的生日,原本该在酒店陪伴家人的她也早早地回家,通过QQ再次和我交流,抚慰了我不安的心。那次比赛我获得了很好的成绩,我打从心眼里感谢可亲可敬的王校长。

如今,我又幸运地加入了王校长的工作室,能时常听其课,闻其言,悟其道。我多么希望我的笔下能生花,能将她的故事,或者我与她的故事,绽放于笔端。暂且不说她对晚辈的关爱之情,她的课也总能留给我们这些晚辈诸多思考。

一、透彻

她的课有一个鲜明的特征,那就是——透彻。如今很多教师在教学时,会在课堂上呈现很多的知识点，特别是在公开课或者赛课上，好像这些有些价值的知识点没有全部呈现，就会让别人质疑自己的文本解读能力，这样的理念便造成了课堂上教学内容繁杂的现象。要做一个好的语文教师，我们先要学会透彻地解读文本。我们应看到文章的体裁，关注文章内容的内在联系，寻找到每篇文章真正适合学生的成长点。我们只有把文章解读到位了，充分联系学生实际了，才能去思考40分钟的时间里到底该教些什么。

解读完文本，便可以确定自己的教学点。一旦确定了一个知识点的教学，万不可浅尝辄止，一定要教透彻。于我而言，评判一节课好不好，评判执教者能力强不强，只需考虑一个问题：他把要教的知识点都教透彻了吗？"教透彻"这三个字的意思我们都能明白，但是要做到它，却是异常困难的。薛校长曾说过："一个语文教师一定要知识渊博，一定要有质疑精神。"由此可知，懂得多，才能教得透彻；会质疑，才能教得透彻。我们的王校长是聪慧的，她在教学时总能很透彻地把握精髓。

比如王校长在执教《滴水穿石的启示》这篇课文时，一开始，她就和学生一起辨析"启示"与"启事"的区别。薛校长在后来的点评中，就称赞其教得透彻，他认为透彻是有层次感的，是由浅入深的，是有策略的。王校长在教学时先直截了当地出示这两个词语在词典中的解释，然后让学生辨析在不同的语境中应该用哪一个词语，接着再出示一个问题：我们从《装满昆虫的衣袋》中得到＿＿＿＿＿＿＿＿＿＿＿＿＿＿＿＿＿＿＿＿＿＿＿＿＿。(启示)她通过唤醒学生的记忆，使其知道原来"启示"就是指从一个故事、一个现象中领悟什么、明白什么。王校长将"启示"的教学紧密结合学生已有的知识，又指向后续的学习，不可不说是教得透彻。

二、支架

支架，是王校长执教《滴水穿石的启示》一课时留给我的第二个关键词。语文教学最终是以教学活动的形式呈现在课堂上的，一节课能否成功，教学活动的设计尤为重要。一个个活动之间是有联系的,而且这种联系应该是有层次感的,或者说有推进感的。但是现在一些教师的课,他们的教学活动之间的关系可能是割裂的,并列的,抑或是前后颠倒的。

不论是一节课中的三四个主要活动,还是每个大活动中的小活动,它们之间都有联系,都有需要达成的目标。我认为支架就是实现这一个个活动目标的扶手。

王校长在执教《滴水穿石的启示》一课时,对于发生在三位名人身上的故事是这样教学的:请同学们借助前一环节采用的"目标、经过、结果"的公式来思考,并给学生们提供一张空白表格,让他们结合文本填一填。众所周知,"说"和"写"是两种不同的思维过程,王校长认为"写"在很多时候优于"说",因而她采取了"写"的教学活动。她在这一教学板块中提供给学生的支架主要有两个:公式与表格。因为有了支架,学生便能一步步获得预设中的成长甚至超越预设的成长。王校长的这节示范课非常成功,给听课教师留下了深刻的印象。

支架是一种手段,透彻是一种目标,支架的设计是为了达成透彻的目标,透彻的目标又是支架搭建的内在指挥棒。它们都是站在学生的立场上,站在语文育人的高度上,实现着教育的目的。

王校长在我们这些教师的眼里,就是一个通透、大气、智慧的人,所以她的课颇有大家风范,听课者不仅不会疲劳,反而每次都会有眼前一亮的感觉。她呵护我们这些教育界的幼苗,使我们茁壮成长。她可以说是许多人的"支架",更是我的"支架",让我看到了语文教育中"支架"的力量以及"透彻"的价值。

她的课与我的文本解读

她,是一个散发着浓浓文学味的女子;她,是引领我走进儿童文学之路的女子；她，是那一旦遇见便会让人感到温暖的女子。

她就是张学青校长。她是语文界的翘楚，是儿童文学的倡导者、实践者。我和可爱的学青校长也有一段小小的故事。

那年作为特级教师的张校长成立了自己的工作室，工作室面向很多学校招募成员，我们学校也得到了一个名额，而我竟然成了那个幸运儿。因为这是我加入的第一个工作室，所以对我而言意义非凡。

与张校长相识后，我总感觉张校长的心里有一个别样的世界，骨子里也有一股不断折腾的劲儿。在加入她的工作室半年后，她便去了苏州大学实验学校。我想这于她是一种挑战，更是另一个梦的开始。但是令人惋惜的是，刚招募的我们这批工作室新成员，也不得不失去了向彼此学习的缘分。我这个刚迷上儿童文学的人，仿佛一下子失去了主心骨，在这里不得不嗔怪一下她。

但是，我又要郑重地感谢她。如若不是遇见了她，我便不会发现儿童文学的魅力；如若不是她，我便不会引着孩子试着走进儿童文学之门。虽然如今不能时常听到她富有哲理的文学味的话语，但是一个人对另一个人的影响一旦发生，便会在很多方面默默地生根、发芽、开花，甚至结果。

例如我曾经听过她的一节文学课《一个爱惜鼻子的朋友》，在随后我对文本解读的思考中，张校长那节文学课对我的启发就突然蹦了出来，使我对文本解读的方式有了新的尝试，对文本解读有了更深沉的体悟。我将我的所思所想撰写成文——《起点、关键点、终点——小学语文文本解读的三步点研究》，下面便是该文的正文。

一、对文本及文本解读的认识

文本，指的是由一定的符号或符码组成的信息结构体，这种结构体可采用不同的表现形态，如语言的、文字的、影像的等。小学语文教学中的文本指的是教材及相应的课外读物。

我们需要慢慢地、轻轻地逐层剥开文本的外衣，以最真诚的心灵和情感与文本互动,寻找那掩于迷雾中的线索,来触及自身与文本作者、编者在情感、心灵上的应和。对小学语文教材的解读,还需要带领儿童去寻找与文本的互动。教师需要用儿童的语言去转化文本,用儿童的方式去接近文本,并且在文本中让儿童去建构自我的经验——这需要以儿童为中心。

二、以"点"及面——文本解读的现状及有效途径

如今的文本解读中存在两种极端的方式:一种是过于深刻,脱离了儿童的实际需求;另一种是过于浅显,流于文本的表面,没有形成系统的认知,缺乏有效方法的指导。这两种方式都脱离或偏离了以儿童为中心的教育理念。

要达到以儿童为中心的文本解读需要有一个过程,而起点、关键点、终点则是一个有机的组成部分。三者相互影响,相互制约。正如"击首尾应,击尾首应,击中间首尾皆至"。起点的把握,决定了终点的方向;关键点的选择促进了终点的达成;终点的明确间接影响到起点和关键点的形成。因此,文本解读抓住起点、关键点、终点这三个落点,就能形成一个体系。

三、基于"三点"的文本解读例谈

(一)起点:解读定向

起点是指开始的地方或时间。文本起点的构成是多元的、多角度的、多层次的。我们可以从学生的起点、教师的起点、文本的起点等多种角度综合考虑。此外,终点的选择也会间接影响到起点的选择。

1.何为起点

学生的起点:学生在学习文本前,其已有的生活经验和语文学习经验,对某一具体文本的兴趣与知识、情感水平、解读的能力都是学生的起点。我们在解读文本时,永远不能忘记站在我们面前的是7~12岁的儿童。在确定起点的同时,教师的心里需要明确三不教:学生已会的不教,能自己学会的不教,教了也不会的不教。我们需要时刻站在儿童的角度,以儿童的眼光看待文本,解读文本。

教师的起点：教师自身对文本知识的理解，拥有的相应的语文专业水平都是教师的起点。教师对文本理解的深度决定了学生对文本理解的深度。我们不推崇脱离儿童的过于深刻的解读，也拒绝过于浅显的阅读。我们所追求的是让教师站在儿童的角度，帮助学生学习那些踮起脚尖就能触及的新知、难知。

文本的起点：文本书写的时间，所包含的思想、内容及与各种外部环境的关系都是文本的起点。文本在某一单元、某一册，甚至是整个小学阶段中所处的位置，也关系到起点的梳理。作为教师，需要有统筹的意识，不能狭隘地就文论文。

作者的起点：作者所处的年代，作者的人文倾向，作者一生的经历，书写文本时的境遇都是需要考虑的起点。我们若借助作者发表的同类、同题材作品或参照其他作品，并结合专家学者的观点，定能帮助我们"入其文"，又"出其文"，形成多元解读视角。

2. 确定起点的原则

要想实现起点的有效性，需要把握确定起点的原则：(1) 文本整体定点原则。这是从影响起点的所有因素的角度进行整体考虑的。比如某篇课文在整本书、整个小学阶段所处的位置，作者生活的时代，学生已有的学情，教师的语文素养……要把所有的点综合起来，统筹思考。(2) 首尾呼应原则。这便要求在寻找起点的同时对已有终点的大体把握。我们为了达到某一个终点，试着寻找有利达成终点的起点。起点的确定要考虑终点。(3) 明确性原则。每一个文本都有许多起点，我们需要学会舍弃，学会明确，即从一篇课文的众多起点中通过结合关键点和终点，明确此次教学所需要正视的起点。(4) 主体间性原则。主体间性，指主体与主体之间的统一性。在文本解读中的这一原则是指学生、教师、作者等所有起点的聚焦。每一个起点都是主体，都需要权衡考虑。

3. 如何确定起点

起点的明确，基于起点的把握、多角度的思考。把握起点的原则，能帮助我们明确文本的起点。例如张学青老师执教的课外阅读《一个爱惜鼻子的朋友》，文章的主人公姓"印"，眼睛有点近视，人称"印瞎子"，通过他对鼻子的爱惜，人们可以看到这个主人公身上的幽默、自我、乐观。

张老师在教学"聊印象"这一板块时,确定了先聊学生熟悉和感兴趣的QQ印象,转而借用QQ印象的评价方法让学生聊对文本中姓"印"的朋友的印象。张老师用三问,将两者结合起来,一问:"你们熟悉QQ印象吗?"学生答"熟悉"。伴随着张老师与学生一起对QQ印象的回顾,孩子们原本的紧张与拘束消失了。二问:"你们会从不同的角度描述对人的印象了吗?"学生答"会"。三问:"那你们能快速浏览课文,在自己的纸上写下对姓'印'的这位朋友的印象吗?"学生迫不及待地答"会"。于是,课堂上就看到了快速阅读、潜心思索的学生,之后关于姓"印"的朋友的印象交流,便异常精彩。张老师对文本起点的正确把握,让教学变得润物细无声。

在这一板块中,学生的起点是熟悉QQ印象,教师的起点是具有引导学生将对姓"印"的朋友的印象描述与QQ印象结合起来的能力,文本的起点是对姓"印"的朋友进行多角度的、多层次的介绍,作者的起点是关于姓"印"的朋友的认识是深刻而全面的。张老师将这四个起点综合起来,确立了教学中引入QQ印象的教学媒介,做到了文本整体定点原则。为了呼应之后对人物形象的写作板块教学,张老师在教学时着力和学生一起从QQ印象着手,让学生来探讨如何全面地对人物进行印象分析,体现了首尾呼应和主体间性原则。这篇课文对于学生来说既有难度,又可"触碰",学生、教师都有不同的起点,但是张老师选择了QQ印象这一共同的起点,便体现了明确性原则。

(二)关键点:解读突破

关键点实现解读的突破。所确定的关键点需要具有内在的关联,可以帮助学生获得知识、情感、态度、价值观等多重成长。关键点是一节课的灵魂,它基于起点,指向终点。教师对文本关键点的思考和把握将直接影响对文本的正确解读。

1.何为关键点

关键点是一篇文本最核心的要素,是最值得推敲的内容,是新旧知识的交接部分。关键点受终点的影响,终点即为教学目标,教学目标不是静止的,而是动态的,是时间和空间的吻合。因此教师不仅要考虑这节课学生要达到的目标,还要考虑学生未来需要达到的目标。因此对关键点的把握需要能促进学生当下和长远的双重发展。

若把起点、关键点、终点比作一次旅行,那么起点便是我们所处的时代、所处的位置,现有的交通设备等;关键点则是我们结合诸多因素最终决定的最合理的出发时间、出发地点、出发形式;终点则是我们旅行的目的地。每一次的文化之旅,最为重要的便是关键点。

2.确定关键点的原则

关键点的选择可以从多个角度来考虑:语言艺术、人物形象、写作手法等。一篇课文的要点很多,选择关键点要遵循:(1)就重避轻。选择主要的点,忽视次要的点。不同的教师,面对同一文本,都会有不同的理解,但是都需要根据终点的预设,舍弃次要的内容,研究主要的知识点。(2)统筹全文。每一个关键点的存在都不是孤立的个体,都有内在的联系,能形成一个整体。我们所选择的关键点可以是递进的、有层次性的,也可以是围绕同一主题的。(3)长远价值。教学的最终目的是对学习者产生一种深远的影响,不论是学习的能力,还是道德的认知。

3.如何确定关键点

关键点把握后,需要进一步加以明确。明确学生要达到目标所必须经历的环节。如我们每个人的成长是一个漫长而有趣的过程,在这个过程中,许多事情都会在我们的成长中留下印记,然而这其中的入学仪式、成长仪式、青春仪式、成人仪式,就如生命中的关键点,给予我们特殊的教育。

张学青老师执教《一个爱惜鼻子的朋友》一课时,主要围绕聊事件、聊印象、聊人物来达成学生对主要人物"印"的印象——不能算好人,也不能算坏人,进而与我们语文教科书中"非正即邪"的人物形象形成对比,让学生了解到——原来人物并非只有好、坏,还有处于两者之间的!

在整个教学中,张老师没有纠缠于让学生体会文章语言的特殊性,没有过多讲解文中的一些专用名词。她在众多的教学资源中,选择了"人物印象",便是做到了就重避轻。不论是对人物印象的看法,还是从写作角度研究如何描写人物,都紧紧围绕"印"这一人物展开,这就是统筹全文。由对一个人物的看法,延伸到看待人物的多维角度,这便带给了学生长远的思考、长远的价值。

(三)终点:建构与重构

终点是学生在课堂教学中达到学习目标的程度。终点检验着起点和关键点的价值,终点的达成体现了教师文本解读的思想。如果教师的解读是泛泛而谈,那么教学的终点也可能是空洞、乏味的。如果教师的解读过于深刻,脱离学生的生活实际,那么教学的终点也可能弥漫着一股未解之谜的气息。唯有教师的解读以儿童为中心,抓住三点间的关系,才能帮助学生获得真实而持久的成长。

1.什么是终点

终点是在课堂教学这段旅程中学生所能够达到的最优目标。终点确定了学生通过课堂学习所获得的知识、技能、情感等方面的成长和未来成长的可能性。课程标准中的教学目标,即要达成的终点是从空间维度展开的,处于静止的状态,然而真正有深度的有效的教学目标应该是动态的,所以终点具有静态和动态相结合的特点。

2.确定终点的原则

终点的落实需要结合关键点,以此来确定教学环节。教学环节的设计,依托于关键点的选择。只要我们的教学环节以关键点为指引,那么终点的达成就是一件简单的事。我们在解读文本时,以儿童的视角,从多角度考虑并明确教学的起点,选择教学的关键点,确定教学的终点,这便构成了一个完整的文本解读。

终点的明确要遵循以下原则:(1)动静结合。作为教师不能只看到静态的终点,也要看到动态的变化。课程标准给予我们的指引是静态的,而每节课上生成的真实的终点却是动态的。我们在把握静态这一主方向的时候,要灵活应对动态的变化。(2)时间和空间的整合。我们需要看到已有的目标、能生成的目标、未来可能实现的目标,这样便能实现时间和空间的整合。

3.如何确定终点

终点的明确,取决于终点的把握。以《一个爱惜鼻子的朋友》教学为例,张老师设定的关于人物形象的认知终点可以归纳为三点:认识"印"的形象;明确人物形象不只是单纯的"非好即坏";意识到教材课文中的一些人物形象过于简单,间接引导学生走向课外阅读。由此看来,张老师就这一终点的把握可谓是真正做到了静态与动态、时间与空间的结合。

起点、关键点、终点构成了一个整体,相互影响,不断循环,促使学生获得持续良好的发展。起点、关键点、终点可以用鱼骨图法来表示。鱼骨图法是根据鱼的骨刺解体形状而提出来的。鱼的很多小骨刺都紧密地排在一根主刺两旁,而主刺连接鱼的头、尾。鱼头就如起点,主刺就如关键点,鱼尾就如终点。把握起点、关键点、终点这三落点,实现简单而深刻的文本解读是我们语文教育者努力的方向。

看了我关于文本解读的思考,你们也定然会发现张校长对我的影响之大吧。一位名师的魅力,就在于她的课常常是有感染力的,能够激起意想不到的千层浪。

工作第一年的救命稻草

2011年,我大学毕业,顺利考上了吴江区的小学语文教师。懵懂的我,工作第一年就任教一年级语文,到了工作岗位,才真实地发现大学里学的东西只适合留在大学,与第一线的教师工作没有多大的关联。那时24岁的我对班级管理、对语文教学,一点都不懂。就在我一筹莫展的时候,学校为我安排了我的第一位师傅——张颖丽老师。

我的颖丽师傅,有着一张娃娃脸,特别可爱,笑起来的时候眼睛真的就成了一弯月牙。她在班级管理和语文教学方面都特别厉害。这样的她成了我当时的救命稻草，我拉着师傅的手，开始慢慢熟悉教育的那片天空。

那时，我的班级在二楼，师傅的班级在一楼。所以若时光能倒流，你可以时常看到一个蓬头散发、气喘吁吁的小姑娘在两层楼间奔来奔去。

以前我还不大懂，现在自己也是一个有着十年教龄的教师了，我才知道我的颖丽师傅当年对我有多好。那时什么都不会的我，却有着特别胆大、特别好学的性格。这一点和我自己曾是学生时一模一样，我还记得读高中的时候，我一下课就会冲进教师办公室，不管哪门学科，只要是自己当时理解不了的知识，我都会向我的老师们请教。每每和同事们一起回忆从教第一年的场景时，我都能清晰地记得那时的我不是在自己班级里上课，就是在师傅的班级里听课，现在想来，那时的我肯定是很烦人的。

面对这么麻烦的一个徒弟，师傅却总是耐心地教导我，为我答疑解惑。就拿听课来说吧，若是有人听课，上课者必定会比平时花更多的时间和精力备课，也势必会产生一定的压力，这样的感受，我想很多的老师都是熟悉的。我的这位师傅，在我几乎天天都去听课的高频率下，一次都没有将我拒之门外，每次都是笑着又极其谦虚地对我说："你来了哦，只是我上得也不怎么样呢！"这一句简单的话语，却安抚了我那颗不安的心。

有人会说，一年级的知识有什么难教的？犯得着每篇课文都要去听师傅的课吗？我不得不说，这是不曾教过一年级的人才会有的想法，一年级的语文教学看似简单，实则大有学问。

就拿识字来说吧。汉字本身就是一个难解的谜，每个字都有一个故事，每个字都有其特定的音、形、义。对于刚入一年级的小萝卜头们来说，汉字在他们心里可不是什么"好朋友"。对于第一年教书的我而言，汉字也着实不那么可爱，因为许多汉字的字形已经跟它的字源没多大关系了。我还记得当我第一次上识字课的时候，我真的毫无头绪，但当我听完师傅的几节课后，我惊喜地发现原来识字课可以上得那么有趣。简简单单的字，师傅会借助图片，会根据字源，会巧用游戏……师傅的课，让我对识字教学有了初步的认识，那时的我便是依样画葫芦地上完了一节又一节识字课。

对于一点经验都没有的我来说，有了师傅，我的语文教学工作才能顺利地开展。除了语文教学，班主任工作带给我的压力也是非常大的。说实话，那时的自己也像一个没长大的孩子，又如何能管好一群小猴子呢？所以，那时候的我真得总往师傅身边钻，班级管理上遇到了事情，我第一时间便是冲去师傅那里，跟她描述事件经过，向她寻求解决方法。当我写着这些回忆的时候，忍不住问自己：为何不自己先动动脑筋呢？我想可能是对自己的不信任，对现状的焦躁，当然更多的是对师傅的依赖吧！不得不说，我的颖丽师傅可惯着我了！那时师傅的建议就像是黑夜里的一束光，给我温暖，让我踏实。

其实，除了教学和管理，我觉得师傅给我的一个很大的帮助便是该以怎样的语态、心态、姿态和一年级的孩子相处。我们都知道低年级教师和高年级教师的教态是很不同的，这些不同的教态是无数前人实践后总结而来的。"糯糯"的师傅，把她的"糯"似乎也传给了我，参加工作前的我本是一板一眼的，但自从受了师傅的影响，我也会温柔地和学生说话，也渐渐地有了一年级教师的模样。

颖丽师傅，谢谢你，在我从教的最初的那些时光里为我遮了风，挡了雨，成了我教育生涯中一道明亮的光。

语文成长路上的陪伴

人与人之间的关系是微妙的，我常觉得两个人之间的关系好不好，舒不舒服，唯有这两个人的心里最清楚。应该是在我工作到第三年的时候，学校又为我安排了另一位师傅——黄妹芳师傅。

我的黄妹芳师傅是一个有福之人，生活过得无忧无虑，又有家人的各种疼爱。师傅笑起来有一种春暖花开的感觉，好像世间真的无烦恼。

妹芳师傅的眼睛是那么的明亮，透着她的种种人生智慧。师傅时常会给我一种温暖的压力,她会提醒我努力工作,认真参加每一次比赛;她也会时常给我一种善意的引导,告诉我家庭的重要和人生中的那些不可缺失……师傅的爱,有点像春雨,是在不经意间默默地滋润着我;有点像春风,是在严寒过后轻轻地抚摸着我。

我的妹芳师傅,在我眼里,是特别护着我的。作为师傅,在我的工作上,她愿意将她的所有经验都传授给我,愿意在我经历大型比赛时陪伴着我。

比如,2018年我参加了吴江区小学语文优质课比赛。那时我刚生完二胎回来,接手了四年级的一个班,说实话那次比赛在选择学段上,着实让我纠结了,因为在刚工作的五年时间里,我都是教低学段的,只有这两年才接触了中高学段,再三考虑后,我仍是选择了低学段。我原本觉得自己至少教过那么多年了,也参加过一些低学段的赛课了,应该能把握好低学段上课的感觉,但是错误的自我认知却让我留下了遗憾。

那次优质课的比赛是提前半天公布赛课课题,当接到赛课课题后,我立即赶到了师傅的办公室,和她一起讨论。当时师傅就对我说:"要不,你先不要备课,先去我的班级上两节低年级的课,找找感觉吧!"师傅的建议并没有被内心慌乱的我采纳,师傅看我急急躁躁的样子,也不好再劝我。于是,我开始跟师傅一起琢磨教学设计,说到教学设计,又要提到我们的沈玉芬校长,当我的赛课课题出来不久后,她就联系我,让我先自己备课,三点前给她一份教案,她会再赶过来和我们一起讨论。时间真得过得太快了,不一会儿,就三点了,我的教案才写了一半,我的心里七上八下,不知道该怎么跟玉芬校长交差。此时,师傅就轻轻地安慰我,让我不要着急,告诉我,玉芬校长一定会给我们带来很好的思路。

三点一刻,玉芬校长叫我和师傅去了她的办公室。五点钟左右,我的教案终于在玉芬校长和师傅的帮助下出炉了。那么接下来就要制作课件了,原本课件的制作不是一件特别难的事情,但是由于这次比赛,只提前半天公布课题,时间就成了最考验人的东西。我在之前的备课中耗费了很多精力,再加上还要保存体力,晚上回去进一步熟悉、内化教案,于是我亲爱的师傅,当机立断,帮我叫来了我们学校的信息老师，也就是可爱的敏娜来帮助我一起完成课件。

那天晚上，我、师傅、敏娜，一起在学校奋斗到了九点多。为什么会花那么多的时间做课件呢？因为我有一个特别替我考虑的师傅。她希望我的课件尽量完美，便和敏娜一起帮我改了又改，而我呢，只需要在边上熟悉我的教案。不知道你们是否有这样的感觉：当你要参加一个重要的比赛，当你心里特别焦躁，特别紧张的时候，有那么一个人，陪着你，替你分担，帮你把能安排的都安排得妥妥当当的时候，你就会平静下来，就会觉得暖暖的。

这次比赛因为我没有听师傅的建议，致使我在赛课时缺了点低年级教师的味道，也缺了契合低年级孩子的特点处理好课堂生成的智慧，最终只得了个二等奖，对我来说也算是狠狠地摔了一跤，但我对师傅的那份感激之情却永远留在了心里。

我的妹芳师傅就是这样一位好师傅。有人说："陪伴是最长情的告白。"我想说："陪伴是情感的纽带。"妹芳师傅对我的关爱，对我的教导，就好像是把我当成了她的小犊子。

亲爱的师傅，真心感谢你，谢谢你所有的付出，所有的理解，我们的师徒情永在心尖。

第二章

借鉴远方语文人的教育智慧

> 众多优秀的语文人身处于不同的学校、不同的地区。他们的教育智慧常常凝结在一本本专著中、一节节示范课里。读其文、听其课,便能让我们感受到他们身上散发出来的独特光芒。

对儿童的认知

近日拜读成尚荣先生撰写的《儿童立场》，可以说是意犹未尽。原以为会是一些艰涩的理论，却不想成先生竟能将自己深沉的智慧化以阳光、清风般的自然之物。书中随处可见一些教育专家、哲学家的理念，成先生的信手拈来足见其背后的功夫与功力。书中那些鲜活的例子，使这本书有了生命；那些众多蕴含哲理的故事，将我们引入了哲学的殿堂。

通读全书一遍后，我迫不及待地将自己重点标记的内容又读了一遍。同一本书，不同的读者会产生不同的感悟，也会获得不同的启迪。于我而言，《儿童立场》这本书，留在我思想长河中的便是这几个关键词：儿童立场、可能性、儿童哲学。

一、儿童立场

先来说说这本书的书名《儿童立场》吧，在书中成先生阐述了许多关于儿童立场的理念。他认为："儿童文化研究应位于教育理论研究最前沿，而儿童研究一个最重要的目的就是真正建立起儿童立场，其宗旨是站在儿童立场上，推进儿童文化的深度建设，促使儿童健康全面发展。"那么什么是儿童立场呢？他认为："儿童立场是把儿童真正当作人的立场；是遵循规律，促进儿童健康发展；是要让儿童在锻炼中成长；是尊重儿童，尊重儿童的生活方式，满足儿童各种生活需要。"成先生书中的思想，结合我自身的教育教学经验，我深感要树立儿童立场，需要给予儿童自由，善待他们的错误，还以他们童年的游戏。

（一）自由是那雪中炭

对于儿童来说，自由是弥足珍贵的。成先生在书中也对儿童自由进行了诸多阐述，我知道他定是希望我们这些读者能够真正地看到"自由"二字。成先生认为，自由应该是儿童存在的本质，儿童只有自由了才会去创造；儿童也代表着自由，寻求自由是儿童的天性。

教育，特别是作为基础教育的小学阶段，更应解放儿童的自由。教育绝不仅仅是规范儿童，更为重要的是解放儿童，解放儿童的思想，解放儿童的双手，解放儿童的大脑。

低头看现下的教育，似乎偏离了自由的轨迹。学生被许多的"不允许"，被许多的条条框框束缚，变得胆小，变得眼中无光。我始终觉得，好的教育应该既有规范，又给学生足够多的自由，换句话说，规范是为了让学生更好地享有自由。

正如一棵树，只要它成长的方向是向上的，便可允许那些数不清的树枝朝着喜欢的方向生长。给孩子一些自由，孩子会给我们无限惊喜，孩子们没有自由虽然也会长大，但是那样的长大是冷冰冰的。因此自由就像是那雪中的炭，金贵着呢！

(二)错误是最美的遇见

成先生在书中引用陶行知的观点："儿童不但有错误，而且常常有着许多错误。由于儿童年龄上的限制，缺乏经验，因而本身包含着错误的可能性……因此教育者的任务除了积极发扬每个儿童固有的优点外，正是要根据事实，承认他们的错误，从而改正他们的错误。"

在现实的教育中，我们犯的最大的错误就是不允许儿童犯错。遇到犯错的儿童，有些教师会直接对其展开批评，有些教师虽然可能会允许他们犯一些错误，但从内心深处来说仍是不喜欢儿童犯错的。

成先生对错误的欣赏，给了我一种直击心灵的震撼。学生不犯错，还是学生吗？更何况人生来就有一种天生的本领，那就是"犯错"。在一个个错误中，我们习得真知；在一个个错误中，我们感受关爱；在一个个错误中，我们发现自己的无知。珍视儿童的错误吧！那是一种最真实的东西，代表着他没有失去儿童的本质。

(三)游戏是快乐的影子

成先生的书中提到了席勒，席勒说："只有当人充分是人的时候，他才游戏；

只有当人游戏的时候,他才是真正的人。"席勒觉得尊重发展儿童的游戏方式,让儿童成为快乐的游戏者,其才是真正的儿童。儿童的游戏方式其实就是他们的生活方式,也是他们的学习方式。教育应该让儿童有一种游戏精神,这种游戏精神不在于某一种具体的方式,而在于它会引领儿童发展。

关于游戏,回忆我所处的教育潮流,倒还算欣慰。不论是出于教学需要,还是为了让学生拥有健康的体魄,教育中的游戏并不少见。只是有时候我总会回忆起自己小时候的一些游戏,比如:跳牛皮筋、跳长绳、老鹰捉小鸡。那时的游戏似乎跟现在的游戏有所不同。以往,下了课或是在自由活动时间里,我们这群"鸟儿"便可以自由寻觅一方天地,选择自己喜欢的游戏。但是现在呢,学生被圈定在固定的场地开展游戏,还被一个叫"老师"的大人看守着。游戏,不再是随意释放自我的活动,它使学生变得小心翼翼,快乐也似乎大大减少了。

游戏,其实就是快乐的影子。如果你不相信我说的话,不妨去看看那些自由自在沉醉于游戏中的儿童,他们有哪一个是不快乐的呢?

二、儿童的可能性

成先生在其《儿童立场》中,提到了一个词——可能性。关于这个词,他也引用了加拿大教育家马克斯·范梅南的观点:"何谓儿童?看待儿童其实就是看待可能性,一个正在成长过程中的人。"因而,成先生觉得:"教育就是把人引向更高的可能性。这是教育的本质、教育最伟大的使命。"

成先生在书中花了大量的笔墨指引我们去深刻地认识儿童的可能性,他指出我们要追求和建构以开发学生可能性为中心的教育,要把关注学生的现实性与可能性结合起来,要努力把学生的可能性逐步开发成现实性,要努力把不可能转化为可能。

在未读成先生的这本书之前,我对"儿童的可能性"有一点浅浅的认识,但是这种认识过于浅显,抓不住。读完这本书,我感觉心中的那一点薄雾慢慢聚拢,形成了一朵美丽的云。

我认识到，儿童的众多代名词中，可以有一个叫"可能性"。每一个儿童都是独立存在的个体，是"这一个""那一个"。不论我面对的儿童当下呈现怎样的面貌，我都该努力地从他们身上看到无限的可能性。我该以一个教师的身份引导其走向那些可能性。

我承认我是一个急性子的人，我的这种性格也在教育孩子的时候表露无遗。虽然我的心中有对孩子的爱，有很多的耐心，但是有时候我终究会忍不住生气动怒，会用言语伤害那些总是不听教导的孩子。我想那是因为我没有看到每一个孩子身上的可能性。其实孩子都是贪玩的，每个孩子都有他不同的花期。当下的教育有时候真的使我们这些教师在重压下忘却了孩子只是孩子，忘却了在我们眼中简单的东西有时在儿童的眼里是复杂的。我们以爱的名义、以责任的姿态无意中撞到了多少童真的孩子，又让他们失去了多少可能性……

三、儿童哲学

成先生在我心中是一位哲学家，他以敏锐的嗅觉嗅到了儿童身上的哲学味。他认为儿童哲学包含三个方面的基本内涵：儿童哲学是"儿童的哲学"；儿童哲学是"关于儿童的哲学"；儿童哲学是"关于儿童哲学的教育"。要说《儿童立场》这本书，最让我困惑的地方在哪儿，应该就是这里了，愚钝的我似乎不能很好地区分这三者，但是我相信我的可能性，说不定，在什么时候我就能窥得其中奥秘了。

关于儿童哲学，成先生在书中说道："儿童有需要也有能力学哲学。大家公认的哲学源于对周围世界的惊讶。儿童对周围世界满是问号，在惊奇、诧异中有了哲学的追问，可以说，儿童一生都在邀请哲学，因为他们总是在发出一个个问题，邀请问题就是邀请哲学。"

作为教师的我们要看见深藏在儿童身上的哲学，要帮助儿童像哲学家那样提问，引导他们在思考中寻找意义，最终满载着智慧前行。不小看"小人"，才能发现和发展儿童哲学。儿童哲学真可谓是隐于山林的智慧。

成先生的书，溢着太多的智慧之光，若一一写来，恐怕要写许久许久。何况，我已然觉得写一点、留一点，甚好。感谢成先生的书，让我们一起学会尊重儿童，一起相信儿童的可能性！

课堂中深度对话的实现

最近读了《听窦桂梅老师评课》。买这本书的初衷是：窦老师声名远播，定有许多值得我学习的地方。我的教学进入了困顿期，有许多亟待突破的地方。初读这本书，是凭着自己的毅力，但读着读着，有了一种相见恨晚的感觉。与书中的窦老师相遇后，我发现她不仅是一名语文教师，更是一位灵魂舵手。她看见了生命的本质，了解生命的意义，更借由语文教师的身份，将这样的体悟润物细无声地传给年幼的生命个体。

书中关于"对话"的论述，让我对这一概念的认识变得明朗起来。窦老师在书中提到了布伯斯和巴赫金关于"对话"的观点。她借他人之声表达了自己对教育学意义上的"对话"的认识。她在书中不仅阐明了什么是课堂教学中的对话，还论述了课堂对话的条件、特征以及怎样做到师生平等对话。于我这样的青年教师来说，真是关于"对话"的一场精神盛宴。

回到我们平时的课堂，我们会发现这些课堂上其实也充满了对话，但是有多少是真正意义上的对话呢？我想很多时候只是简单的问答吧！这些问答使得我们的课堂能"顺利"地结束，看似热热闹闹，却至多是一群爱"演戏"的人演完了一出戏。在我心里，真正的对话应是：糅合众多人的声音，整合、内化后，以自己的声音与他人交流。通过交流，达成对某一问题或观点彼此认同的更深刻的理解。这种理解能使师生对世间万物、人性美丑、生命价值等产生更高层次的领悟。

对话外显的载体，或者说在课堂上表现出来的承载者，是教师和学生。有效的师生对话,可以称为"深度对话"。

深度对话当从深度学习开始。深度学习是在理解性学习的基础上,学习者能够批判地学习新思想和事实,并将它们融入原有的认知结构中,并能够将已有的知识迁移到新的情境中,作出决策,解决问题。

有了深度学习的意识,才能关注对话的深度。如果学习是一种肤浅的行为,那么课堂上的对话肯定也是类似于形式化的问答。比如,一名教师在执教《学与问》时,他提了若干问题:遇到问题可以请教谁?是不是多提问就能成功?沈括的事例和哥白尼的事例有什么不同?这两个事例告诉我们什么?虽然这些问题的提出基于文本,但是你若亲临上课的现场,看到执教者对这些问题的处理,就会发现这位教师缺少深度学习的意识。40分钟的课堂,都是关于各种问题的浅层次讨论,没有直抵文章的核心,没有引导学生开展批判性的学习,更未达到灵魂的高度和思维的辩证。

深度目标基于深度学习,旨在促进学生知识与能力的深度发展和情感、态度、价值观的正向发展与升华。特级教师娄小明曾对深度目标进行了深入的研究。他指出深度目标要实现时间和空间的吻合,深度目标可以演绎为内容目标、方法目标、评价目标。

深度目标的设计,是实现深度对话的前提。在窦老师的这本书中,我看到了关于《枫叶如丹》的课例。这是五年级的一篇课文,"枫叶如丹"这个短语在课文中出现了三次,恰恰是本文理解的重点和难点。初读这篇文章,我在解读时也觉得颇难,直至读了很多遍,静心体悟后,才明白这里的"枫叶如丹"有三层含义:秋之色彩、秋之生命、恒久而充满力量的生命。这三重境界学生至多能自己领悟到秋天的色彩与生命,却无法上升到生命的力量和恒久。课程教学目标的设定要能帮助学生借助已有知识、经验、情感去感受新的事物、获得新的认识。书中《枫叶如丹》的执教者在之后的重构中,将教学目标定位为:理解关键句子在文章结构中起到的作用;学会如何领悟作者思想感情发展的脉络。过渡段的意义不仅在于结构、内容上的连接,更在于意义上的承接。目标中关注关键句子,是本课教学的关键点。循着这个句子，我们才能更好地感知"枫叶如丹"的三层意蕴。

深度对话的实现，需要我们关注对话本身。你一句、我一句的闲聊，不是真正意义上的对话。我们所强调的"深度对话"，是基于某一问题、某一现象的探讨，在探讨的过程中，所有人是平等的。通过这样的对话，参与者定会获得对某种知识、某种情感的新的认识与感悟。

关于语文课堂中的对话，其实是教师、学生、文本、编者之间的多向对话。若再细想一番，就会明白与文本、编者的对话其实是在课堂上通过教师和学生的对话来实现的。传统意义上的师生关系，是师道尊严。教师有着绝对的权威，学生是依附者。教师说什么，便是什么，教师永远是对的。在这样的观念下，部分学生成了不会思考、不会辨析的唯唯诺诺的人。深度对话，允许学生以平等的身份与教师交流。学生能发表自己的看法、观点，能将自己的思路与他人分享。只有有了平等，才能有对话的深入。

不知你们是否在一些课堂上，感受到教师"强大"的气场。这些气场，其实还是教师自我意识强烈、看不见学生的一种反映。当教师眼中没有学生的时候，所谓的对话，其实只是学生配合教师完成一个个教学计划罢了。学生真的说了心里话，真的有了自己的思考吗？我想不尽然吧。

这样一种对话，并不是我们所推崇的深度对话。还记得，我曾经听过一节作文课，课题是《神奇的纸》。课上，教师说自己是魔法师，手中的纸是穿越之门，她把纸用特定的方法撕开，变成一个圆，再把这个圆从头上套到脚上，然后便煞有介事地问学生："老师是不是穿越了呀！"其实学生一开始所期待的穿越，应该是穿越到别的地方，而不是像这位教师一样用纸撕成的圆圈从头套到脚，就算实现了所谓的"穿越"。但是面对教师暗示性的询问，一些学生还是点了点头。因为多年的经验让他们明白在这样的公开课上，应该演好"配角"。不过据我观察，其实那节课上很多学生对教师的这个魔术是持否定态度的，他们的表情透露了内心真实的想法。

其实这位教师是想让学生借由这样一个活动来写一篇作文。那为何一定要学生认为这是一个成功的魔术呢？若当时教师能允许学生对这个魔术发表自己内心深处的声音，我想这反而是这节课的亮点。尊重学生的话语权，尊重学生的想法，才能有深度对话。

说到信任，我便想到了课堂中那些温暖的等待。很多教师在上课的时候，特别是在上公开课时，会因为害怕冷场，而选择不给学生思考的时间。当学生对某一问题一时语塞时，教师就会急着将早已备好的话说出来。

想达到深度对话，也需要给学生充分的信任，相信学生可以通过思考将自己的感悟表达出来。不论这种感悟是否准确、是否深刻，但至少是经由一系列的思维过程、组织过程才表达出来的。相信学生的能力，才能够温柔地等待、耐心地等待，使对话不至于成为家长式操纵的闹剧。

言语是人的一种行为活动，言语智能是人在这种活动中表现出来的人文素养、人文底蕴、表达机智等。通过课堂学习，学生不仅要获得相关信息，更要习得"如何传播信息"的能力。

"语言"和"言语"有着本质的区别。薛法根校长在一次讲座中举过一个生动而形象的例子。他提出了一个比喻句：这个女人像朵花。借此，他阐述了什么是教"语言"，什么是教"言语"。关于这个比喻句，如果我们设定这样四个问题：这是个什么句？把什么比作什么？为什么比作花？作用是什么？那便是在认识比喻句，也就是所谓的教"语言"。如果我们设定另外几个问题：这句话什么意思？这句话是谁对女人说的？说话人的意图是什么？赞美的比喻在什么情况下用比较好？这便是在创造比喻句，是在教"言语"。

一个简单的例子，却道明了"语言"和"言语"的区别，正如薛校长清简而睿智的教学风格。深度对话，就是要关注学生的言语智能，使其获得更为深层次的多元发展。"透过现象，看到本质"是我们应教给学生的一种语言智慧、人生智慧。课堂上教师、学生、文本之间深度对话的实现，能促进彼此的表达机智、表现艺术、人文素养和人文底蕴的发展。

所谓"表达机智",就是在什么时间什么场合说什么话,以及在有限的时间里根据需要写相应的内容。课堂对话的落实应始终铭记教会学生说合适的话、写合适的文。从某种层面上来说,每一篇课文都是一个例子,我们要合理利用并有效解读出每个例子的个性之处。教学相长、深度对话的实现,定能促进师生在表达机智方面的纵向发展。

表现艺术,关键在于"艺术"二字,"艺术"常给人美好和诗意的感觉。那么所谓的"表现艺术",也就是说话的艺术和写作的艺术。用最恰当的方式说话,用最合适的结构和语言写作,便是一种极好的艺术。

实现深度对话,需要我们在课堂教学中,以培养学生的表现艺术为目的之一。如来自上海的顾老师在第三届新体系作文大赛中上了《商量——学写人物对话》一课。她先从学生的生活中提取出"小红参加书法班的时间与值日的时间冲突"这一寻常的事例,从而引导学生意识到商量的诀窍是把话说清楚和说话时有礼貌,接着借由倒霉熊和小蜗牛的故事,让学生明白商量时还要注意语气的合理性。最后,她播放了彼得兔的视频,让学生先说一说彼得兔和老爷爷会有怎样的对话,再把对话用合适的语言写下来。

顾老师的这节课,有着大量与学生的对话。她的每一次言语,都在引导学生说恰当的话、写适合的文。我想可能是顾老师本身有着深度对话的理念,因而在课堂教学时便自然而然地流露出来了。

人文素养的灵魂,是"以人为对象、以人为中心的精神",其核心内容是对人类生存意义和价值的关怀,也就是"人文精神"。这其实是一种为人处世的基本的"德性""价值观""人生哲学"。

教育,便是要使人获得高尚的灵魂,明白生存的意义,看到生命的价值。比如一位教师在执教《争论的故事》时,他抓住了两次对话进行角色扮演。但是你若静下心来一想,便会觉得他只不过是将文中的语言用不同的形式在课堂中呈现出来,并没有真正抓住"争论"这个词展开,因而学生也没有真正获得上述所说的一种为人处世的基本的"德性""价值观""人生哲学"。一节课如果留给学生的只有疲惫,没有成长,那便是令人可惜的吧。

若想在小学语文的课堂上实现深度对话,就需要以深度学习为理念,设计深度目标,在开展的时候关注对话的本质,关注言语智能。这些便是窦老师的这本书带给我的一些思考与感悟。

作文语言的生动与朴素

读完《我教儿子学作文》后,我对习作教学有了新的认识和感悟。我不禁思考起习作中的生动与朴素。生动与朴素就像是一棵树上的花与叶,互相衬托,彼此需要。

一、生动——为朴素增色

肖复兴先生在"什么叫生动"这一章中是这样说的:"怎样把作文写生动,是一个老话题。写生动的方法有很多,我认为最主要的是首先观察得要仔细,其次不能就事论事,一定要有联想。""任何事物要想写生动,关键是要让它活在你自己的心中,要先在你自己的眼睛里生动活泼起来。丰富的联想,便是走向生动的一条最为便当的捷径。"

从他的话语中,我们看到了习作中生动元素的不可缺少,也知道要把作文写生动,需要发挥孩子们的联想。这不禁让我想起了不久前的那一场春雨。

那天,我和孩子们一起在上语文课,突然就听见雨点重重地亲吻大地的声音。我也是一个贪玩的人,便和孩子们一同愉快地弃书而出,围在走廊里,透过打开的两扇窗户,让雨丝飘在我们身上。我们就这样讨论起这突如其来的大雨。我问这群一年级的小家伙:"你们觉得这大雨像什么呢?"有的孩子说像是精灵,有的说是云的眼泪……而有一个孩子的回答让我记忆深刻,他说:"这是一条从天上流下来的河流,河水流得还很急呢!"我从没有想过一年级的孩子竟能说出这样的语言。但是转念一想,正是因为他们是未经雕琢的璞玉,才能有着这般奇特的联想。

一年级的孩子虽然还处于习作的写话阶段,但是面对事物所产生的生动的联想却不逊于高年级的孩子。他们用眼睛看见世界,用心灵感知世界,用联想丰满世界。这便是身为人师的我要引导和保护的"生动"。

二、朴素——为生动掌舵

肖复兴先生在评价他儿子写的《小河四季》时,是这样说的:"这篇文章的一个问题是过于重视语言了。因为过于用力,是在笔上下的功夫,而不是心里自然流淌出来的,痕迹很容易被看出来。这样的语言练习,偶尔为之,做一种尝试,是可以的,但不是最好的方式,要让孩子明白,好的语言,其实往往是朴素的。"

低年级的孩子由于写作水平的限制,还不会在写话中运用许多的比喻句、拟人句……但是现在一些高年级孩子的语言却出现了"过于生动""过于用力"的倾向,似乎是为了写比喻句而创造比喻句,为了写拟人句而创造拟人句。他们的文章可能通篇是用修辞手法堆砌而成的。

其实,习作中不仅需要生动,也需要从心灵到心灵的朴素。读着一些自创的、别扭的句子,常让我觉得艰涩而无趣。反而是那些经过"心"河流淌的语言能真正地在我们心中积淀。就像莫言的《丰乳肥臀》,读完这厚厚的一本书,它在我心里真正留下痕迹的不是那些贴切的比喻,而是那些朴素、自然的描述。

教孩子习作,是一个需要不断反思、不断创新的过程。就像曾经的我觉得习作不外乎就是写"生动",但是如今受到肖复兴先生的指点,我认识到习作需要权衡好生动与朴素:朴素需要生动的滋养,生动需要朴素来掌舵。

习作课堂中的三元素

2018年10月24日，我有幸听了郭学萍老师的一节作文课《换》。这节课让我和同去的老师都啧啧称羡，由衷地产生了敬佩之情。

听课前，看到这个课题，我就好奇：这个老师到底想在课堂上讲些什么内容呢？可以说这个简单的字在无形中勾起了我想快点听到这节课的欲望。有所期待就会更专注吧。当郭老师上台后，我在看到她的第一眼就已经被吸引了。她有一头长长的、黑黑的、看起来特别顺滑的秀发。红色的帽子、红色的围巾、红色的大衣，连富有个性的黑色阔腿裤上也有红色的元素，让人觉得这是一个性格火辣的老师，是一个做事风风火火的老师，是一个有着自己思想的老师。果不其然，在与学生的课前交流时，她告诉学生她叫长辫子老师。我想这真是一个爱想象、富有诗意的老师。

一上课，郭老师就拿出了一个红红的苹果，问学生这是什么。同学们一开始都只会说是苹果或者红苹果。郭老师当即就表示不对，她告诉孩子们这是"太阳的孩子"，上课的孩子们略显惊讶，但又恍然大悟。接着她又带着孩子们去想象，原来它还可以是"一个爱脸红的小胖子"。此时，郭老师说："现在我们来即兴做一首儿童诗，题目就叫'爱脸红的小胖子'。"在师生的积极配合下，一首小诗就诞生了：

爱脸红的小胖子

它是苹果吗？

哦！不是！

它是太阳的孩子，

是爱脸红的小胖子！

一首小诗显然还不能充分放飞学生的想象，郭老师的智慧在于充分利用这个苹果，她拿出一把水果刀，告诉学生她要把这个苹果切开。就在她的话音刚落的时候，一个天使般的声音拯救了这个"小胖子"，一个男生脱口而出："老师，你这样会弄疼小胖子！"你看，多么美好的心灵啊，孩子们在老师的带领下竟真的感觉这个苹果就是一个小胖子了。更美的还在后面呢，当郭老师听到男孩的话后，她当即就把这个被称为"爱脸红的小胖子"的苹果送给了那位心疼它的男生。虽然这是一个小插曲，但足见教育者的智慧。

在把"小胖子"赠送给男生后，郭老师又从袋子里拿出了另一个苹果，她笑嘻嘻地表明这只是一个普通的苹果，然后边做动作边引导学生创作儿童诗。当苹果被切成四份后，郭老师拿起苹果，笑着问孩子们："你觉得这一块小苹果像什么呢？"四年级的孩子们七嘴八舌地说，但是多数还是局限在觉得它像小月亮。郭老师启发孩子们："这块小苹果有眼睛、嘴巴哦，喜欢夜晚出来溜达。"一个孩子突然说："应该是猫头鹰吧！"于是，"对对对"的附和声响起来了。此时郭老师模仿猫头鹰的声音说："不要吃我，我怕疼……"接着又模仿一个淘气的孩子说道："我才不管那么多呢，一只、两只……"孩子们自然而然地说："三只、四只。"郭老师再次引导孩子们："全吃到肚子里去，让它们去闹腾吧！"就这样，第二首小诗诞生了，在听课者眼里，这首诗是学生和老师共同创造的，小诗如下：

怕疼的猫头鹰

我把苹果切开

切成四瓣

变成了四只猫头鹰

它们好像在对我说

不要吃我　我怕疼

我才管不了那么多呢

一只　两只　三只　四只

都吃到肚子里

让它们去闹腾吧

借助创编小诗,孩子们的想象力被打开了,其实打开的何止是他们的想象力,还有我们这些长大了的教师的想象力。可以说,这是一次童心的唤醒。

创编儿童诗是课前的开胃水果,接下来郭老师要给孩子们带来一道关于"换"的"大餐"。这道"大餐"起于教师的一个问题:如果这个世界什么都可以换,你最想换什么?我本以为孩子们能侃侃而谈,却发现他们完全打不开思路。郭老师似乎预料到了这一点,在孩子们原地转圈圈的时候,她拿出了一本书,很神奇的是这本书的书名就叫《换》。郭老师列举了目录里提到的几种不同类型的换,至此孩子们的想象力又再次被激活了。看到这一环节,我除了对郭老师的赞赏外,更多的是对学生想象力匮乏的悲痛。一个如此简单、如此开放的问题,竟把他们难倒了。

热热闹闹地交流完"换成什么",之后郭老师表示今天要来换一换名字。郭老师从自己"长辫子老师"的名字出发,询问学生老师为什么要叫"长辫子老师"。又举了"冰心""番茄""莫言"的例子,在和学生富有趣味的聊天中,让我们知道这些特殊的名字背后都有自己的故事。

了解了一些有趣的名字后,郭老师对孩子们说:"现在,我们开始玩一个游戏,这个游戏就叫'换名字'。孩子们,你们给自己换一个喜欢的名字吧!"只见台上的孩子低头在名字贴上书写,不一会儿,郭老师就让他们按组别把"名字贴"贴在黑板上。接着,郭老师表示进入游戏的第二个环节:点名字。游戏规则是:老师点名,学生站起来大声喊"到",并说说改成这个名字的原因。"点名字"的环节可以说是这节课的一个亮点。作为听课教师的我也没有想到孩子们会给自己换那么搞笑的名字。至今我还记得几个特别有意思的名字,比如:王后是我、王者不可阻挡、姜炒大蒜、杨柳……伴随着被点到名的孩子的解释,整个会场都沉浸在了笑声里。点了差不多一半的学生后,郭老师又宣布接下去要进入游戏的第三个环节：记名字。郭老师以擂台赛的方式先后请了四名学生上台比试，看谁记得名字最多。

从游戏的三个环节来说，我感觉到了在"记名字"的环节中，学生的热情有点减退了。其原因是多方面的：从时间上来看，课已经上了30多分钟了，学生已经有点累了，正如看戏，戏太"文"，时间一久，观众就疲惫了；记名字相较于换名字和点名字，难度变大了，一些孩子可能因自信心的不足、能力的有限，无法参与进来。当时看到这种情况，我就在想如果是我在上课，我会怎么做呢？郭老师估计也预料到了这种情况，她深知教师在课堂上的情绪会深深影响到学生，所以在"记名字"的环节，她的热情依旧高涨。

所有这些游戏的过程，无不让学生获得一种真实的多元体验。于是，在游戏结束后，郭老师请同学们静下心来回忆，用笔写一写在游戏过程中印象最深的地方。可以说游戏的开展是相当充分的，这让学生有了写的素材和具体的情境感。在写之前，她给了学生三个提示：要关注场面、要有细节描写、要重视心理活动。

写完后，照例是点评了，郭老师的点评是不一样的，她采取的方式是现场让学生互评。虽然我们都知道这是一种很好的评价方式，但是因为难操作、易耗时，在平时教学时我们经常是忽视、回避的。郭老师却在课上反复跟孩子们强调作文一定要互评。我想她其实不仅仅是在提醒学生，更是在提醒我们在座的每一位教师：不要怕麻烦，要敢于尝试。

郭老师的课带给人的思考特别多，可以概括为习作课堂中的三元素：想象力可以放飞得很美、很可爱；练笔前活动的开展一定要充分、有趣；教师上课要充满激情与亲和力。

郭老师，长辫子老师，您好！远方的我，能跟您"换"您的智慧和学识吗？请允许我调皮一下，并送您一个可爱的笑脸哦！

用心教语文

2018年11月底,我和三个小伙伴一起前往无锡市育红小学参加第四届新体系作文大赛的决赛活动。此次我是一个观摩者的角色,没有任何压力,这种纯粹的学习,让我的状态很好!

本次活动为期两天,第一天有9节赛课,第二天有3节赛课加专家点评、讲座及颁奖。从安排上看,你会发现这两天的时间被安排得满满当当。快节奏预示着头脑风暴的来临,累并快乐着的教育之旅在向我们招手。

这次的12节课,较之去年第三届新体系作文大赛来说,更贴近学生以及他们的实际生活了。这些课几乎都遵循了"作前指导—当堂练笔—作后点评—评后修改"四个环节。有些课的课题比较新颖,比如《"慢镜头"表现精彩》《鳄鱼爱上长颈鹿》;有些课的教学点比较特别,比如《学写创意广告设计》《想象故事真好玩》。两天的观摩后,有许许多多的东西涌进我的心里,让我感到不虚此行。

从无锡回来后,一些想法还是会时不时地从我的脑海里跳出来,感觉它们叫嚷着想通过我的手诉诸笔端。但是当我真的坐在电脑前,想把它们敲击出来的时候,它们却又像顽皮的孩子般纷纷躲藏起来。我拼命地寻找它们,但它们却只肯露出一个个小脑袋,把身子深深地隐于暗处。

这种现状让我感到头疼、感到无力。怎么回事呢?我怎么就不能把它们邀请出来呢?这些调皮的小家伙,就是不愿帮我解答疑惑。我能怎么办呢?我只能告诉自己:是你缺乏教育的智慧,它们懒得理你呢!于是,两个多小时,我就挤出了下面的一点点东西。记录下来,聊表安慰!

【听课反思】

从"听与思"中走来

忘了是深秋还是初冬,我来到了无锡的一所小学,观摩第四届新体系作文大赛的决赛。我放空自己的心，去装喜欢的东西、触动我的东西。

两天，12节作文课，若不精彩那真是叫人头疼的。好在，汲取去年比赛时教学设计过于"新"、过于缥缈的经验，今年的课就务实多了，能站在儿童的立场，能"看见"儿童了。

每节课我都认真地做笔记，听完后再自己尝试以板块的形式梳理教学的过程。梳理，使我对每位教师的教学思路有了更清晰的认识，也在不知不觉中进入了一种思辨的状态。在宣布五位特等奖获得者之前，我也试着根据自己听课的感受猜想谁可能脱颖而出，我认为这也算是对自己听课能力的一种检测。

随着四位专家点评的结束，本次新体系作文大赛的特等奖获得者也在众人的期盼下由德高望重的周一贯先生宣布了。听到五位特等奖获得者的名字后，我发现自己猜中了三位，剩余两位中的一人则令我颇感诧异。回程的路上，我翻阅着他们的教案，回忆着他们上课时的场景，思索着他们得到语文界教育专家认可的原因。

一、备课时——多一份用心

一位年轻的女教师在执教《想象　故事真好玩》时，先是引入了一个绘本故事，故事的主人公叫小真。关于小真的第一个故事，与她的长头发有关。教师不断出示精美的画面和有趣的文字，听课者和三年级的孩子们一起沉浸其中。我们惊喜地发现，原来小真的长头发可以变成钓鱼竿、可以拉牛角、可以做晾衣绳、可以成为被子。

紧接着小真遇到了毛毛虫，毛毛虫想变长，它还跟小真讲了自己变长后想干什么。小真觉得毛毛虫讲得太好了，便也想接着讲自己的故事。她想把自己的长头发变成尾巴！至此，我发现教师出示的图画不再像先前那般精美了，我不禁怀疑：难道关于尾巴的故事是教师自己编的，那些画也是她自己画的吗？随着教学的进行，我越来越觉得如果尾巴之后的故事都是这位执教者或者她的团队自己编、自己画的，那真是太让人敬佩了。因为教学中展示的不是一两幅图画,而是好多幅,而且画面内容还是较为丰富的,再者尾巴及尾巴之后的故事也是相当精彩,像是出自作家之手。

我的这个疑问在专家点评的时候得到了解答,有一位专家说道:"我要重点表扬这次上课的一位老师以及她的团队。她上的课是《想象 故事真好玩》,我们应该都还记得里面的小真吧,关于小真尾巴的那些故事都是她们自己编的,图也是她们自己画的。"听到这,我的心里不禁燃起了敬意。多么有心的一群教师啊!信息时代的到来,使得教学资源变得丰富,却也在一定程度上养成了我们懒惰的习性。毫不夸张地说,现在有多少教师愿意为了学生下这样的"笨功夫"呢?

二、生活中——多一丝文学味

语文教师应该散发文学的气息,博览群书,博古通今。但事实上,现在许多人都觉得语文教师谁都可以做,只要教学生识字、写字、读书、习作就可以了。但事实上真的是这般吗?我想凡是对语文教育有所认识的人都会坚决地说"不"。语文教育实际上高深得很。

在本次12节赛课中,《"慢镜头" 表现精彩》这节课充分体现了执教者本身的文学素养。我相信很多听课教师包括评委、专家看到执教老师单老师出示的关于《汤姆·索亚历险记》的片段,都会被单老师身上折射的文学光芒所吸引。我相信单老师定是一个热爱阅读的人。不得不说,教学中呈现的例子能很好地反映一个人的文学素养,能让我们想象到他们在平时教学和生活中扑在书上时的可爱模样。

就像窦桂梅老师认为的,作为评委在进行评定时常常会根据感觉判断,虽然这是非常可怕的,但却是普遍存在的客观事实。基于这般复杂的评判环境,单老师的与众不同就像迷雾里的一盏灯,照亮别人的同时,也照亮了自己。

语文教育者,理应时时浸润在文学之中。单老师所获的特等奖在某种程度上坚定了我的文学之路。

三、课堂上——多一点节奏感

此次获得大赛特等奖的教师，在课堂教学中有一个共性，那就是充满节奏感。说到节奏感，可能会联想到激情。一些教师在教学时真的很有激情，似乎是在用生命上课，但教师终究不是演员，不需要过于夸张的表演。在我眼中，真实的课堂才是美的课堂。

课堂需要真实，但绝非平淡如水。真正优秀的教师，就像钢琴演奏者，能根据教学的需要带领学生徜徉在不同的节奏中，忽急忽缓、忽扬忽抑。

还记得在我工作第三年的时候，我们学校的特级教师沈玉芬老师在听我执教的一节课后，对我说："你的声音很柔，很亲切，但是一节课都是这样的语调，实在让人昏昏欲睡。上课时的语气语调要有变化，不能总给人同一种感觉。"她的这番话一直藏在我的心中。这次的观摩活动，又再次印证了她这番话的分量。

这次的12节课在教学设计上都下足了功夫，不论是习作前的指导，还是习作后的点评，都让我们看到了执教者及其团队的能力。每位教师都有属于自己的教学风格，但是我们不能忘了不管哪种风格，都应该注意课堂的节奏感。细细想来，另外7节课之所以与特等奖失之交臂，大概是忽略了这种可以让课堂大放异彩的节奏感。

走进这些课堂，再慢慢地走出课堂，在听与思中让一颗故意放空的心装满他人的智慧。此次观摩活动，让我对语文教育有了更深的思考、更深的领悟。

回头看自己写的这一份听课反思，总还是能忆起那些教师上课时的情景，能被其中的教育智慧所熏陶和感染。不论是备课中的用心，还是生活中的文学心，课堂上的节奏感，都需要教师真正做到用心教语文。

从清晨开始阅读

那一年，我非常有幸前往常州湖塘桥中心小学参加"中国教育梦——教育名家新课改智慧课堂暨小学语文教学观摩研讨活动"。当时，我聆听了孙双金、吴建英、黄亢美、朱柏烽四位语文特级教师的课及其讲座。每位教师的课都各有特色，对我来说，是一次收获颇丰的教育之旅。由于我所在的学校近期正在举行"阅读节"系列活动，因而在这一旅程中，吴建英老师对"阅读"的呼吁，再次引发了我内心的共鸣。

我们都知道，人的惰性会让我们产生偷懒的心理。对于很多人来说，聊天、逛街是幸福的事情，因为此时的大脑处于完全放松的状态。类似这样的享受，总是在诱惑着我们。而阅读是需要思考、需要毅力支撑的。书分很多种类，有的书会让我们为之发笑，有的书却是枯燥艰涩的。如今多半的人，也仍会象征性地阅读，这可能是迫于周边环境的压力，也可能是出于装一文雅之人的目的。但是这样的出发点带来的阅读是短暂的、是可悲的、是虚伪的。只有真正爱读书的人，才能体会到克服阅读瓶颈时所带来的幸福感，才能在阅读的道路上耐得住寂寞、守得住时光。

现在的孩子，多数是远离书籍、远离阅读的。他们喜欢打游戏，喜欢看电视，喜欢运动，却不知为何，对书籍的喜欢却很淡。我想这可能跟他们的家庭环境有关。父母的手中没有书，孩子又怎么会捧起书来呢？父母都在孩子的面前说"阅读是一件痛苦的事情"，那么孩子又怎么能感觉到阅读的幸福呢？

而事实上，阅读是一件多么美好的事情啊！我们应该让最美好的事情发生在最美好的童年，这是我们能给予孩子的最好的礼物。吴老师不仅自己爱读书，还把这份对读书的热爱传给了学校的教师和孩子们。这些教师会用三分之二的时间教完课程内容，剩下的三分之一的时间则是教师和孩子们最开心的阅读时光。

吴老师多次强调了阅读中的"仪式",她认为仪式使他们的阅读显得特别庄重,让每个人的心中都不敢轻视阅读的价值。他们奉阅读为不可或缺的精神食粮,让阅读成为他们生活与学习的一部分。

很多人都熟知犹太人喜欢阅读的故事。在犹太人家里,孩子刚一懂事,家长就要为其举办一个特别仪式:由母亲拿出一本书,点上一滴蜂蜜,然后让孩子去舔一舔,让他们从小像喜欢蜂蜜一样喜欢读书。如果有犹太人去世了,家里人就会在墓地上放几本书,好让去世的亲人在夜深人静的时候能享受读书的快乐。正因为犹太人热爱阅读,近现代才涌现了一大批了不起的人物,如革命导师马克思、科学大家爱因斯坦、心理学大师弗洛伊德……

阅读的影子,在犹太人的生活里,随处可见。在吴老师的身上也一样,而这影子,也恰恰是我们正在努力追寻的。

追寻阅读的影子,是为了让阅读能有拔节的机会。此次,吴老师对阅读的呼吁,我们学校对阅读的重视,在我的心中激起了千层涟漪。短暂的生命、现实的生活,让我们无法走遍世界的每一个角落,但我们可以在书中尽情地畅游。古时曼妙而聪慧的女子、行走江湖的剑客、战死沙场的将士都是离我们远去的事物。唯有在书中,我们还能自由地与其对话。各行各业的专家学者,也与我们相距甚远,我们想与其交流,也可以去书中一叙。

为此,我想让我的孩子以及我自己,能够"与晨光共舞"。当清晨的阳光温柔地洒向大地时,我们手捧一本心爱的书,开始了一天中的第一次阅读。一个爱阅读的人,总会比其他人更善解人意、更温文尔雅。所幸的是,我所在的学校,正在做着这样一件充满意义、充满温暖的事情。结合学校的阅读活动,我想让我们班的孩子和我一起爱上阅读。

班级里,洋溢着阅读的喜悦,家里又怎么能没有这样阅读的氛围呢?为此,我也向家长发出了"亲子阅读"的倡议,建议他们和孩子一起读书、一起交流。每每想到这样的画面,我都会觉得特别美好。亲子阅读,让家长和孩子的关系更加亲密，让整个家庭更有文化的气息。这样的美好，会是生命里最珍贵的一部分。阅读，使家长不断地获得新的教育理念，也使孩子从书中获得真、善、美的养料。从故事中的角色里学到的那些做人的道理，是孩子们自己发现的，比起父母的唠叨，更有效果和价值。幸好，我们班多数的家长都是有文化、有涵养的，他们经由我的指引，很好地践行着"亲子阅读"这一活动。

如今，班级里越来越多的孩子喜欢上了阅读。从教室外经过，安安静静的孩子们，捧着自己心爱的书籍，认真地阅读。你会发现，那是一道最美丽的风景线，你会感觉自己是多么不愿意打破那份宁静。于我而言，我很喜欢和孩子们一起阅读，这比上课和批改作业更加吸引我。

对阅读的喜爱，需要时间的磨炼和考验，需要我们所有人的坚持。我希望我和我们班的孩子都能"与晨光共舞"，每天迎着清晨的第一缕阳光开始幸福的阅读。多少年后，我们会爱书成癖。不论是艳阳高照，还是雪花飞扬，我们的世界里，总有书的影子，总有阅读的陪伴。

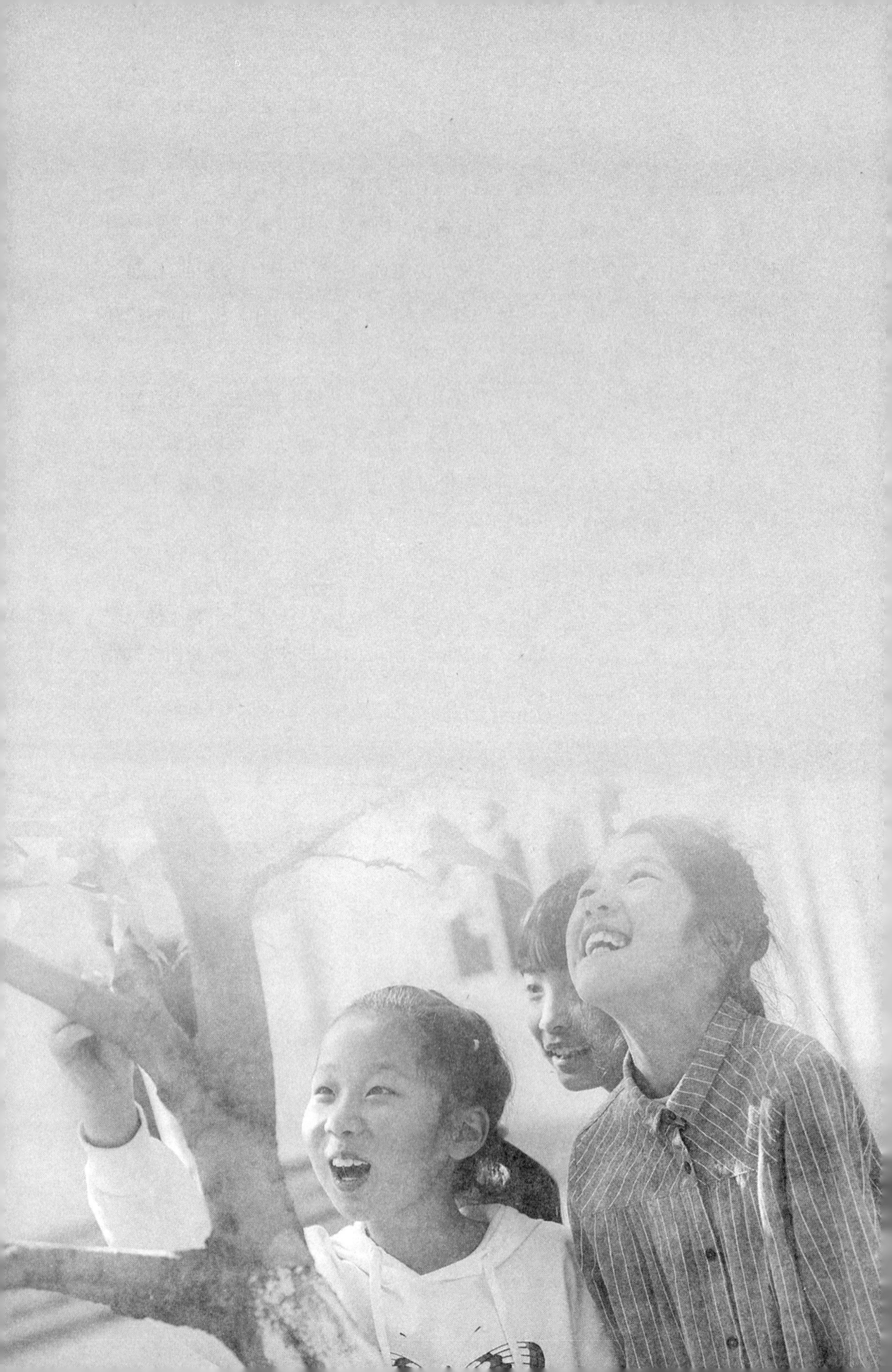

第三章

探索自身教育教学的方法

> 所有的读懂与寻找,最终是为了自我的探索。当我的内心被美好的教育情怀、感人的教育智慧所滋养的时候,我便有了足够的教育动力,去探索适合学生的又属于我自己的教育教学方法。

给孩子插上自主识字的羽翼

对一年级的孩子来说,学习汉字有着重要的意义,这既是对古老文化的传承,也是对学生精神世界的慰藉。现代社会的浮夸之气过重,一些孩子很难静下心来阅读,他们多半是拿着手机,打着游戏。自主识字,能让孩子们在认字的过程中,进行更多地阅读,而阅读能让他们拥有更为灵动的生命。

托尔斯泰说:"成功的教学所需要的不是强制,而是激发学生的兴趣。"要想让他们自主识字,就需要给他们浓厚的兴趣做支点。莎士比亚也说过:"学问必须合乎自己的兴趣,方才可以得益。"我们在教学汉字时,切不可枯燥乏味、机械单一,而要在孩子们的心里泛起阵阵涟漪,激起层层波浪。

比如,我在教学《美丽的丹顶鹤》一课时,就碰到了很多的生字,其中的"传"字,我就运用了讲故事的方法进行教学:左边的单人旁表示曾经有一个人,他专门在茶馆里给他人讲述从前发生的事情,这个人的名字就叫"传"。当时孩子们听得特别认真,没有一个小家伙开小差,眼睛都睁得大大的,这场面可以说特别动人。我趁机告诉他们:"很多汉字的背后都有一个小故事,这些汉字可有趣啦!你们平时要不要自己主动认识汉字啊?""要!"响亮而整齐的回答,一张张小脸上洋溢着喜悦。故事是低年级的孩子最喜欢的,就像熊猫喜欢竹子一样。汉字教学若能充分利用他们喜欢的东西,让这种喜欢不断生长,向四周蔓延,那么他们就能识得更多的汉字。

又如,对于《云房子》一文中"然"字的教学,我出示了"然"字的字形演变:熊熊燃烧的火堆上正在烤一片狗肉,形象而直观。不再需要我过多地解释,孩子们看着图就能自己说出"然"字的意思,对这个字的记忆也变得格外深刻。我问他们:"你们觉得有趣吗?""有趣!"他们使劲点头。我微笑地看着他们,并且轻声说道:"汉字本身就拥有无穷的魅力,它是世界上最迷人的文字。它有时像一个柔美的闺中小姐,有时像一个钢铁般的汉子。你们越学习它,就会越喜欢它。"

孩子们似懂非懂地点点头,但这有什么关系呢,这样朦胧的相遇,便会产生朦胧的喜欢。朦朦胧胧,多么美丽的意境。让他们喜欢上汉字,自己主动识字,对汉字产生或浅或深的兴趣,才是通往自主识字王国的一条开满鲜花的道路。作为教师,如果能借助汉字本身蕴藏的故事,利用汉字的演变过程,抑或是编儿歌、编谜语,都能够紧紧抓住孩子们的心。"授人以鱼,不如授人以渔",教会他们一个汉字的读音,不如让他们爱上识字。

其实我一直在研究如何让我的孩子们多识字,所以面对一个刚升入一年级就认识许多汉字的宝宝,我便忍不住打电话询问了他的妈妈。这位妈妈告诉我,她也没有刻意去教孩子认字,只是每次开车的时候,孩子看到路标总会询问她:这个字该怎么念?那个字又该怎么念?去饭店吃饭,看到菜单,他就特别来劲,一定会一道菜一道菜让她念一遍。我听完之后,特别佩服这位小家伙。看来他之所以会提前认识那么多字,就在于他对汉字认知的自主性。

为了让我所教的孩子们喜欢上识字,我也举行了许多有趣的活动。比如,一年级上半学期,我每天在五张卡片上,写上我们班5个孩子的名字,并用吸铁石固定在黑板的一角。每天我利用一些空余时间,教他们读这五个名字。可别小看了这五张卡片,卡片上难记的字,一旦成了身边小伙伴的名字时,我发现不论是调皮的孩子还是爱发呆的小家伙都会投入到"识名字"的游戏中。每次读名字时,教室里总会传出嘻嘻哈哈的笑声。我经常会在教他们读之前,偷个小懒,询问他们有没有人认识这几个字。认识的人就可以当小老师,来教其他的小朋友。这样一来,学生的劲头可足了。这个活动在第一次举行时,只有少数人能读出别的同学的名字,但是在第二次、第三次活动时,我发现能做小老师的人越来越多了。我后来才知道,第一次活动后,这些小淘气们在下课的时候,会主动询问彼此的姓名,并且牢牢记住那些字的读音。这真是意料之外的惊喜啊!

认完了身边小伙伴的名字,还可以认什么呢?我决定开始让孩子们认一认各个学科中涉及的生字,比如语文、数学、英语、体育、思品……可能是之前的认名字活动,让他们尝到了认字的甜头。当我告诉他们,要开始认各学科的汉字读音时,他们竟然欢呼雀跃,这是他们为自己能有机会多认识一些汉字而发自内心的喜悦。

薛瑞萍老师说过,语文的学习可以允许一些孩子一知半解、随波逐流。对于开展的"认名字""认学科"活动,我不要求每个孩子都能准确地读出每一个汉字。因为这一切只是为了让他们爱上学习汉字,培养自主学习的兴趣。一旦自主识字的活动能让孩子们感到愉悦、感到自信,那么我相信越来越多的孩子,会愿意去主动地识字。我多么渴望,这些一年级的小豆丁,能够在我的教导下,认识许许多多的汉字"宝宝",从而一点点地认识这个有趣的世界。

让儿童诗住进孩子心里

儿童诗是以儿童为主体,符合儿童的心理特征和审美特点,与儿童年龄相符,适合儿童吟诵、欣赏的诗歌。它既包括成人诗人为儿童创作的诗,也包括儿童借以抒怀而创作的诗。儿童诗是诗的一个分支,由于它受到特定读者各方面特征的制约,因此其所描述的内容、所进行的艺术创造、所展开的联想、所运用的语言文字等等,都必须符合儿童的发展特征。

在我们心里,一直住着一个"孩子",他为我们守夜,为我们驱寒。只有当我们与这个"孩子"共同生活的时候,才能寻到生命的根,才能使人生之树焕发出蓬勃的生命力。诗让我们看到这个"孩子",儿童诗唤醒我们热爱的童年。

我一直觉得自己就是一个儿童,喜欢儿童的单纯,喜欢儿童的读物。每每天空灰暗,抑或情绪低落,我总爱将自己置于书房,捧起一本儿童诗,细细地品味。不知不觉中,我已不知身在何处,只觉得天空是湛蓝的,耳边有小鸟轻快的叫声,溪流潺潺的流水声,孩子天真的笑声,孩子们在朝我微笑,冲我招手,温柔地向我走来,轻轻地牵起我的手……

或许是我太爱儿童诗的缘故吧,我也想将儿童诗带进我的课堂,带给我的孩子们。我一直坚信孩子有选择自己读物的权利,作为教师的我,只能引导、推荐,而不能强制性地要求。所以,起初的时候,我的心里也是忐忑的,我不知道班里的孩子们是否会像我一样热爱儿童诗,是否会如我般沉浸在那美妙的世界里。怀着孩子可能不喜欢儿童诗的担忧,或者特别喜欢儿童诗的满满的期待,我将儿童诗第一次带进了孩子们的世界。

一、梦见诗的模样

《义务教育语文课程标准(2011年版)》指出:应重视语文的熏陶和感染作用,注意教学内容的价值取向,尊重孩子们在教学中的独特体验。二年级是孩子语言训练的关键期,与其逼着他们绞尽脑汁地进行说话、写话训练,不如让孩子们先爱上儿童诗。

开学第一个星期的阅读课上,我第一次为孩子们朗读了儿童诗:冯学峰的《找梦》。

找　　梦

我一睡觉,

梦就来了。

我一醒来,

梦就去了。

梦从哪里来?

又到哪里去?

我多么想知道,

想把它们找到!

在枕头里吗?

我看看——没有。

　　在被窝中吗？

　　我看看——没有。

　　关上门也好，

　　关上窗也好，

　　只要一合眼

　　梦就又来了。

　　儿童诗需要反复读，通过一次又一次读，把无意义的文字变成饱含自己情感的语言，如出自己之口，如出自己之心。

　　于是，我也将这首诗一连读了三遍，没有停顿，没有解释。孩子们听着听着，竟不自觉地闭上了眼睛，一脸陶醉的模样。我一读完，但教室里仍一片安静，有人睁着眼睛似乎在出神地想着什么；有人仍是闭着双眼，让我不禁猜想，难道是在找梦吗？我不忍吵醒孩子们，足足等了几分钟，才从孩子们的眼神里看到，他们的心从遥远的地方飘回来了。

　　我轻轻地问："喜欢这样的文字吗？""喜欢！"孩子们脱口而出。我郑重地在黑板上写了"儿童诗"三个字，告诉孩子们什么是儿童诗。从那一刻开始，我知道，儿童诗就住进了孩子们的心里。

　　我把《找梦》这首诗投影出来，孩子们就迫不及待地读了起来，一遍又一遍。美丽的文字让这节课充满了幸福的味道，这味道，顺着开着的窗户流向天空，让天空更加迷人。

二、寻找诗的味道

　　儿童的思维轨迹、表达习惯、想象方式都与诗歌有着天然的契合，具有诗的品性，所以儿童诗可以成为儿童认知世界的拐杖和途径。一首契合儿童心性的、好的儿童诗，可以为他的一生抹上光彩，打上烙印，谱出节奏。

金波的诗歌被誉为"美的向导""爱的使者"。他写的《白天鹅》就是这样一首好的儿童诗。当我将这首《白天鹅》送给孩子们的时候,班级里发生了这样的故事。

我将《白天鹅》这首诗投影出来:

白天鹅

从天上飘来一朵云,
落在湖心,
那是一只白天鹅,
它在等谁?
从天上飘来一朵云,
落在湖心,
还是一只白天鹅,
它在等谁?
两只白天鹅游在一起,
像爸爸妈妈那样亲;
我愿变成一只小天鹅,
紧紧地跟随着他们。

孩子们跟往常一样,连续读了好几遍,都舍不得停下来,这种不舍时常让我动容。这首儿童诗,我个人特别喜欢,因为它奇异的想象,也因为它将醉人的亲情包裹于简单的文字中。于是我开始了与孩子们的"闲聊":

师:孩子们,喜欢这首诗吗?

生:喜欢。

师:最喜欢诗的哪部分呢?

生1:我喜欢云朵变成小天鹅,这太神奇了。

生2：我觉得天鹅爸爸、天鹅妈妈是在等它们的宝宝。

师：你们说得真好啊，金波爷爷太可爱了，他的想象力特别丰富。你们愿意向金爷爷学习，做一个富有想象力的孩子吗？

生：愿意、愿意……

师：之前曾有一位男生在与沈老师的交流中，透露出对爸爸妈妈的抱怨，觉得爸爸妈妈有时候太严厉了，还开玩笑地说，"如果我会变魔术，在爸爸妈妈唠叨的时候，'嗖'一下，把他们变到外太空去就好啦。"

师：可是孩子们，你们想想看，如果湖中只剩下一只小天鹅了，它还会幸福吗？小天鹅都想紧紧跟随在爸爸妈妈后面，你们难道不想吗？

孩子们抿紧了嘴，没有说话，我想此时的安静是最好的回答。从他们的眼神中，我看到了改变，看到了思考。我轻轻地说："孩子们，有时候父母的唠叨也是一种幸福，当你们学会用一颗包容的心、温暖的心看待父母的唠叨时，你会发现生活是那么美好。"

孩子们轻轻地点了点头，那坚定的眼神，让我确信至少在这一刻，《白天鹅》这首儿童诗住进了孩子们的心里，给予了孩子们对这个世界新的认知、新的感悟。

除了金爷爷的诗，外国的儿童诗也是迷人的。我一连给孩子们带来了两首诗，分别是库斯金的《我是草莓》、弗·格鲁宾的《野菊花》。孩子们太喜欢了，不停地读这两首诗，听他们时而温柔、时而俏皮地朗读，我觉得我们都是幸福的人。

三、想象诗的影子

20世纪70年代中期，在我国的台湾地区，儿童诗课程就出现在了课堂里，教授儿童诗的老师，如黄基博，在后来成了著名的儿童文学作家，还指导孩子写出了大量淳朴的诗作。

朗读儿童诗已不能满足我和孩子们，我们也开始了诗的创作。对于二年级的孩子,我只要求他们尽量做到,写诗时围绕一个主题,语言简练,适当地运用比喻、拟人的修辞手法。一开始的创作总是艰难的,班级中四十四个孩子,只有十来个孩子写得还不错,有四个孩子不敢下笔。但这又有什么关系呢,写诗的本身就是为了快乐。

这是班级中两个孩子写的诗,我对其进行了简单的修改:

雨	云
雨是没有颜色的	天上的云像狮子
雨是没有味道的	天上的云像花朵
雨是个小精灵	我想变成一朵云
雨是个小捣蛋	在天空中跳舞
雨是个小天使	我想变成一朵云
	随着风儿去旅行

孩子们特别期待我对他们第一次创作的诗的评价,为了鼓励孩子们,我用了一节课的时间,以聊天的方式与孩子们交流了初次写诗的情况。我读了几首写得还不错的诗,也指出了需要修改的地方,并让孩子们谈谈写诗的感受,充分肯定每一个孩子的想写诗的诗心。我想,我们所做的一切只是为了将心中的童话、烂漫的童年、纯真的童心,以诗的名义,流淌于心尖,倾洒于笔端。

我们把希望的种子撒向大地,在春天里等待萌芽。对于那些胆怯于写诗的孩子,我们没有批评,没有嘲笑,鼓励他们跟着大家一步一步地慢慢前行,让他们相信总有一天,他们的笔下也会结出硕大芳香的果实。

我认为世上最幸福的事莫过于:我爱我的孩子们,我的孩子们也爱我,而我们也正好都热爱儿童诗。儿童诗,使我们成为亲密的伙伴,心连心,度过每一天的校园生活,使我们一直行走在花香四溢、浪漫温情的道路上。

借幽默改变学生的朗读状态

前不久，我接手了一个新的班级，当时有人告诉我，新的班级里的学生都很聪明，我心里自然是乐得不得了。

先不论这个班的学生是否聪明，当我教他们第一篇课文，请他们第一次站起来朗读课文给我听时，我惊呆了。不说有多少读错的地方，孩子朗读课文时的状态就让我大跌眼镜：有气无力、拖调、轻声不标准……他们是四年级的学生了，读书的方式已经形成习惯，我知道我若想改变这种让耳朵"睡着"的朗读方式必然要下一番苦功夫了。

于是，每一次学习一篇新的课文，或者一篇课外阅读，我都会花大量时间，不厌其烦地纠正他们朗读时的种种错误。我一直觉得语文特别重要的就是朗读，读对了，才能走进文本，走近作者，才能有所感悟。但上面说到了，这种朗读的方式已经是三年来形成的习惯了，因而每当我苦口婆心地一次次纠正他们的错误时，有些学生却如小和尚念经般，无动于衷。我偏偏又是一个固执的人，即便读书状态的好坏没有被纳入对学生、对教师的考核之中，但我认为自己有责任教会学生如何朗读。我想首先应该让听者舒服，再让听者为之动容。几度，我在改变学生的朗读状态时，感到无力，感到深深的失望：他们每读一篇新的文章时，那些坏毛病总会来敲门，只有当我提醒时，一部分人才会有所改变，而另一部分人依旧念着催眠曲。

这两天，我正好在阅读于永正老师写的《我怎样教语文》，书中提到了幽默。我才恍然发现，最近自己的脾气有点急躁，有点面目可憎了。我好像突然明白了什么，之后在与学生一起学习新课《九寨沟》时，有了一段美妙的经历。

那节课上，我叫了一个比较内向，需要给予鼓励的女生读第一段文字。第一段中有两句话，第一句话中南坪的"坪"、松潘的"潘"我原以为她会读错，但不曾想她全都读对了，而且读得很流利，我借机好好地表扬了她，她开心地接着往下读，可偏偏这时遇到了一个难读的词——藏族村寨。亲爱的读者们，请你们也试着读读"藏族村寨"，是不是也会忍不住笑笑说，"还真是有点难读啊！"我们这位姓赖的小女生，读了一遍又一遍，大概在第六遍的时候才读正确了。按照我以往的性子，早就批评上去了，但这次我却特别温柔，还学着于先生幽默了一回，我先是故意读错，然后又夸大其词地说读这四个字的难度和绕口令都差不多了。于是，这位女生没有因为读错而尴尬，脸上还流露出了自豪的神采！可能是我的情绪带动了全班同学，等这位女生顺利读完第一小节，我让全班齐读这一小节时，那朗朗的读书声让我震惊，而且竟没有一个人读错"藏族村寨"。

我好像看到了希望，越发让自己幽默起来，让课堂轻松起来。我突然问道："你们最讨厌什么？"同学们很惊讶地看着我，我接着说："你们刚才的齐读读得非常好，节约了反复读、反复纠错的时间，那我们就用这点时间来唠会嗑吧！沈老师小的时候，最讨厌跑步，当然现在也一样。我讨厌它的原因有两个，一个原因是我怎么跑都跑不快，还有一个更重要的原因是我觉得自己的跑步姿势不好看，让班上的男生看到了，我会难为情。"我一边说还一边做各种动作，流露出各种不同的表情。同学们最是八卦了，可爱听老师说自己的故事了。在我的抛砖引玉下，同学们也纷纷举手，说了自己最讨厌的事。有一个男生说："我最讨厌被人背后拍一下！"我赶紧接上去："回头，我们就在你身后拍一下，吓唬你！"同学们听了都乐开了花。又有一个女生说："我最讨厌爬楼梯，我们班在四楼，真是累坏我了。"我立刻点点头，说道："感同身受啊，感同身受！"

在和学生一番闲聊后，他们的情绪都被调动起来了，我抓住时机调皮地说道："接下来，谁来读最长最难读的第二自然段呢？"没想到一个平时读书声音特别轻的男生勇敢地站了起来，虽然有一些地方他读错了，但是和他以往的朗读表现相比，这次的他，朗读时不仅声音响亮，而且充满了情感。我忍不住好好地表扬了他。随后，我又故意请了几位平时不爱朗读的孩子来挑战这段话，没想到他们个个都显得很精神，一副跃跃欲试的样子，这在以往的任何一次朗读中都是没有发生过的!

原本我打算花十五分钟解决的朗读教学,竟然高效地缩短到了十分钟。这里特别要强调的是高效,因为在我采用了幽默的策略之后,孩子们的朗读状态、朗读水平都有了很大的改变。朗读时的拖沓,朗读时的声音轻如蚊子,统统都不见了。

我把幽默融在"藏族村寨"一词中,融在我的小调皮中。有人会说我与学生之间的闲聊是浪费时间,但我觉得并非如此。因为之后的很多次实践证明,我能和学生们在轻松、愉快、幽默的氛围里快速地、高质量地完成朗读任务,甚至是一节课的教学目标。另外,我也发现,在我变得幽默了之后,我们班的孩子都觉得我是一个不错的老师,特别有趣的老师,我是不是赚到了呢!

现在回想起来,我依然很是喜欢他们朗读的《九寨沟》,因为它始终在善意地提醒我用幽默的方式改变孩子们的朗读状态。在以后每一次的朗读教学中,我都会坚持让自己做一个幽默的老师,和孩子们一起快乐地、饱含情感地朗读优美的或者富有哲理的文字,让朗读慢慢地成为我和他们共同喜欢的事情,让教育多一份美好。

看见每个孩子的差异性

你,教过一年级吗?教过拼音吗?我曾教过多年的一年级,对拼音教学并不陌生。若要回忆关于拼音教学的往事,我首先想到的是那些学习拼音的小娃娃们!

这些小娃娃就像一个个小萝卜,各自怀着不同的"小九九",从一个小土坑,跳到了另一个小土坑。有的小萝卜扭了扭身子,寻了个舒服的姿势,开开心心地巡视自己的新王国;有的小萝卜像是在跳跃的途中,不小心崴了脚,受了惊,在新的土坑里,哀怨地低着脑袋,斜着身子,那晶莹的泪珠仿佛随时准备从小小的眼眶里蹦跶出来！就在这般形势下，小萝卜们遇见了"拼音先生"，"哐当"——故事就发生了！

好多年前，我成了一群小娃娃们的老师，这群小娃娃刚从以前的小土坑里跳过来，所以这几天，我特别地头疼！为什么头疼呢？嗯……因为有几个小娃娃不喜欢新土坑，正在抗议呢！不过，小娃娃们毕竟个头小，胆子也小，并不敢真的从新土坑里跳出来。

于是，这几个小娃娃就开始欺负"拼音先生"了。我在上课的时候，他们就自己玩自己的，完全不搭理"拼音先生"。然而"拼音先生"是小娃娃们认识新事物的好帮手。因此，我每天都会让班里的娃娃们一个一个到我跟前，把前一天所学的"拼音先生"读给我听。眼看着，越来越多的小娃娃开始喜欢上"拼音先生"了，就连那几个调皮的小家伙也在我的努力下，愿意和"拼音先生"做朋友了，我的心里很是开心。

就在一切似乎都将变得美好的时候，就在我觉得自己可以松一口气的时候，某一天早读，一阵哭声传入了我的耳朵。我循着哭声望过去，发现是一个平时很不起眼的小娃娃。这娃娃有一个很好听的名字——欢欢。

面对哭得上气不接下气的欢欢，我一时也有点慌了，我不知道小家伙怎么了，只能走过去，抱着他，轻轻地抚摸他的后背。不知哭了多久，欢欢才渐渐平静下来，我温柔地拭去他的眼泪，并轻声地问道："欢欢，你怎么了？"

欢欢抬起头，睁着发红的小眼睛，嘴巴一努一努着，愣是半天没有说出一个字。我知道，欢欢是一个有点内向的孩子，若我一直问下去，他估计又要哭上半天了。我拍拍欢欢的肩膀，说道："欢欢不急，老师这会正好有点事情，要先回一趟办公室，等我一会儿回到教室，再听你说哦！"说罢，我真的离开了教室，但只有我自己知道，离开教室后的我一直在偷偷关注着欢欢。我发现欢欢虽然不哭了，但是却一直耷拉着脑袋，心里肯定是藏了什么不开心的事情。

放学的时间快到了，小娃娃们要各自回家了！我看着手里的拼音过关名单，发现今天还有三个小娃娃没有到我跟前读昨天教的"拼音先生"。在这三个小娃娃里，就有欢欢，难道欢欢是因为"拼音先生"哭吗？

我再次走到欢欢面前，蹲下来，对他说："欢欢，放学后，你愿意留下来帮老师一个忙吗？"欢欢眨巴着依旧有点无神的小眼睛，点了点头。

小娃娃们一个一个陆续回家了，最后教室里只剩下了我和欢欢。欢欢显得有些紧张，他的小手一直在扯自己的袖口，时不时地偷看我一下。

我让欢欢走到我的身边，随后把欢欢抱起来，让他坐在我的腿上，我用自己的双手环抱着欢欢，想让欢欢不再那么紧张。刚坐到我怀里的时候，欢欢整个人都是紧绷的，但随着我轻轻地、有节奏地晃动，欢欢的身体也不再那么紧绷了，他似乎开始享受在我怀抱里的感觉，我想那感觉可能让他舒服地都快睡着了吧！

我感觉到欢欢的变化后便摸着他的小手，问道："欢欢，你能告诉老师今天为什么哭吗？看着你哭，老师好心疼，老师也都忍不住想哭了！"欢欢其实已经隐约猜到我让他留下来，是想问他早读哭泣的原因，所以他便提前编好了谎话，打算敷衍我（这是欢欢后来偷偷告诉我的）。可当我这般温柔地对待他时，他的谎话好像在喉咙口哽住了，怎么也说不出来。

我看到了欢欢的犹豫，越发地温柔起来，用商量的语气一遍又一遍地轻轻地问。欢欢终于打开了心扉，怯生生地说出了缘由："最近学习'拼音先生'……我觉得好难好难，昨天教的……我有好多……都不会念。我怕……怕被批评，也怕被同学们笑话。"

听了欢欢结结巴巴的话语，我很是自责，我发现自己在教学中忽略了儿童的差异性。

一个班上有那么多的小娃娃，他们自然是各不相同的。有的小娃娃很喜欢"拼音先生"，学起来很轻松；有的小娃娃谈不上喜欢，但也能凭着努力每天完成我布置的任务；有的小娃娃就比较惨了，好像天生和"拼音先生"关系不好，要比别的小家伙付出更多的努力，才能准确地念出"拼音先生"的不同名字。欢欢，应该属于第三种吧！

我思绪万千，我牵起欢欢的手，看着他的小眼睛，温柔地说道："欢欢，老师知道你很努力，只是'拼音先生'太调皮，总爱躲着你。没事的，现在老师了解了情况，会帮助你的。我们一起把'拼音先生'找出来，然后大声地叫一叫它们的名字，好吗？"欢欢像是受到了我的鼓舞，用力地点了点头。于是，我带着欢欢把他还不会念的"拼音先生"读了一遍又一遍，抓住他在念"拼音先生"时闪现的每个小优点，不断地表扬他，在一句句的表扬中，欢欢的笑容越来越多。

大概半个小时后，我在校门口俯下身子摸了摸欢欢的头，说道："不要害怕，老师会和你一起把藏起来的'拼音先生'找出来。这可能需要点时间，我们不着急，慢慢找！"欢欢带着一脸的笑意，和我挥手告别。

站在暖风里的我，一点都不觉得累，我揉了揉自己其实早已酸涩的肩膀，露出了满足的笑容。一个声音在我心里回荡："每个小娃娃都是不一样的，要看见每一个孩子！"

让孩子拥有没有作业的短假期

"喜欢'五一'，喜欢'十一'，喜欢那些穿插在每一个学期，漫漫求学时光中的美妙节日。"这句话，是我教过的一个颇有才气的小男孩在一次习作中写的。我反复地读着，竟觉得有了哲学的味道。他喜欢的不是寒假，不是暑假，而是在每一个学期中穿插的那几个假期，这些假期很短暂，不可以让小男孩玩个痛快，但却得到了小男孩的青睐。

我常觉得自己是个没有长大的孩子，喜欢寻根问底。为了解除我内心的疑惑，我特地找来了小男孩，询问他内心的想法。小男孩真是人小鬼大，虽然只读四年级，却已有了自己的见解。他告诉我："暑假、寒假的确很好，休息和玩耍的时间都很长。但是我更喜欢在每一个学期中穿插的那些假期。那些假期就好像是在探险闯关游戏中的休息站。长时间的学习会让人觉得疲惫、没劲，虽然有周末,但是周末我们不称其为放假,所以少了一种趣味。在整个一学期中,有几次短暂的放假,是特别让人开心的!就好像'物以稀为贵'!"

听着小家伙的侃侃而谈,我觉得他就像一个小小的智者,把我都给说服了。正如曾教过的一篇课文《大作家的小老师》,我觉得此时的他就是我的小老师,带给了我不一样的思考。

有思考,必然会有新的疑惑。我这个语文老师,为了一探众多孩子心底的想法,在班级里举行了一次关于"哪种假日更吸引你"的辩论赛。在辩论赛之前,孩子们自主报名、自由组队、查阅资料、整理辩词,全班形成了浓厚的辩论氛围。

虽然四年级的孩子是首次接触辩论,也不能完全遵守辩论的规则,但是这样的一次活动,却使他们开始关注自己平时的生活,关注自己的内心。与心灵的对话,与思维的碰撞,在他们心里撒下了不一样的种子,或许未来的哲学家就从这里萌芽。

辩论赛结束后,我让孩子们把自己关于这一辩题的真实想法写成一篇篇作文。有时候,思维的火花转眼即逝;有时候,思维的火花不够绚烂,我们时常发现只有在诉诸笔端的时候,才能让思想变得有血有肉。有别于以往的写作,这次的作文让我有一种不眠不休,想要一下子批阅完的冲动,因为有了深入的思考就有可能写出有灵魂的文章。

经过辩论赛,经过批改他们的习作,我对孩子们内心的想法有了更多的了解。我发现大多数孩子都很珍惜像"五一""十一"这样的短假,那种珍视胜过了寒暑假,这些短假就像美味的巧克力吸引着他们。但是在作文中,我也看到了孩子们的烦恼,他们抱怨"假期如此美好,作业穷追不舍"。

看到这些心声,我这个语文老师,又情不自禁地陷入了反思。我想起自己的学生时代,在放假的时候,不论作业多与少,在未完成前,作业始终像一根麻绳缠绕在心头,烦闷得很!又思及为人师后,我曾在短暂的假期中给孩子们布置过的作业。一个声音在我脑海中盘旋:"假期中一定要布置作业吗?这些作业可以换个时间再做吗?"

伴随着这个声音,我的心里明朗起来,也暗暗下了一个决定:以后这样的短假,不布置语文作业!我仍清楚地记得,在去年的端午节,当我第一次告诉全班同学"假期无语文作业"时,他们的脸上不是惊讶可以形容的,那一张张脸上的表情实在是太丰富了,好像我公布了一件多么不可思议的事情。我微笑地看着他们,再次重申"假期无语文作业!"我的话音刚落,全班都沸腾起来了,一个个笑得没了往日的害羞和沉默,那种笑、那种快乐是发自内心的。

一点点作业和没有作业,带给孩子的感受是完全不同的。我曾不止一次地跟孩子们说:"你们要记住,学习的时候认真学,玩耍的时候尽情地玩!"但那时候,我还没有想到"无作业"这一温情的举动。长久以来,我一直觉得语文学科的学习,就像酿一坛陈年老酒,是一个漫长的过程。我自认为,偶尔的无作业,压根不会影响孩子们的语文素养和语文能力。既然,孩子们如此珍视那些短暂的假期,那从事所有学科中最浪漫的语文教学的我,为何不让他们更快乐些呢!

没有作业的短假期,是一种休整,会产生再出发的动力,也会让孩子们的童年更美好。

在体验与倾诉中蜕变

考拉酷爱打瞌睡,而一些孩子酷爱"赖"作业。就拿我们班小勇来说,在"赖"作业方面简直就是一个典型到不能再典型的孩子。

原本我挺喜欢小勇的,但伴随着期末复习的推进,小勇渐渐成了那个让我感到头疼和无力的家伙。

"沈老师,第三单元默写的词语,就剩小勇没交了。"

"沈老师,第二张复习卷除了小勇,其他人都交了。"

"沈老师,小勇太过分了,他语文作业又没带回家。"

"沈老师,我让小勇背课文,他就是不背。"

"沈老师，……"

……

噢，天呐，我的耳朵里被"小勇"塞满了。小勇，这两个字仿佛成了我的魔咒。我正想着该怎样会会这个"家伙"，他竟不偏不倚地送上来了。

那天体育课上，他佯装肚子痛，被其他同学送回办公室休息。其实，我心里清楚，这"家伙"肯定是装的，因为他已经好几次在体育课上，躲进办公室寻找温暖了。我深知这"家伙"的招数，但碍于他逼真的表演，一直未戳穿他。

说来也巧，前两天和他妈妈交流的时候，我才得知这个高大的男孩竟然最怕去医院看医生。我的心里不禁冒出了一个鬼点子。

"小勇啊，你肚子疼的好点了吗？需要打电话给妈妈，让她接你去医院检查下吗？"我亲切地问道。

"不……不用了……我的肚子基本上不疼了……"小勇紧张地回答。

"哦……那就好了，否则你肯定会像上次一样被你妈妈拖去医院的。"我坏坏地说着。

"对了，班级绒布板报上的内容需要更换了，这节课正好教室里没人，你肚子也不痛了，能做一回沈老师的小助手，帮帮我吗？"我故意歪着头，一脸真诚地笑着看着他。

"嗯，嗯……那好吧。"

尽管小勇回答的有点勉强，但是我有了一种小鱼已经上钩的感觉。

我把整理出来的资料抱起来，刚想往办公室门口走，突然停住了脚步。我转过身，把所有的资料往小勇手里重重一放，然后两手一摊，扬着嘴角率先走了出去。小勇愣了一下，但也没说什么，捧着手里的资料傻乎乎地跟了上来。

"小勇，把那幅画递给我。"

"小勇，你来挂这幅书法作品吧，你的个子高哦。"

"小勇，你挂得有点偏了，把这幅画再往右边挪一挪。"

"小勇，没有工字钉了，你去我办公桌上再拿一盒来吧。"

"小勇,你快来帮我扶着,快点、快点、快点,要掉下来啦!"

"小勇……"

我不停地喊着小勇,小勇的脸上开始沁出汗珠,最初麻利的动作也开始频频出错。

看着小勇呆呆地坐在凳子上,好像特别累的样子,我实在忍不住笑出了声。我在小勇对面的位子上坐下,摸了摸他蓬松的头发,说道:"是不是觉得沈老师不停地叫你名字,你的头都快炸啦!"

像是被说中了心事般,小勇拼命地点了点头,那神情格外有趣。

我告诉小勇,其实我的耳边每天都不停地回荡着他的名字:小勇作业没交,小勇订正没交,小勇课文没背……

我佯装出可怜的样子,向小勇诉苦。

小勇可能是回忆起了刚才我频繁叫唤他时,身心俱疲的那种感觉,此刻的他竟然不好意思地低下了头。

虽然我以前也曾苦口婆心地和他聊过几次,但他每次都是用沉默、点头来回应我,至于结果,也往往都是昙花一现的短暂美好。想到这里,我决定这次一定要好好地跟小勇较个劲。

"小勇,我们好好地聊一聊吧,像朋友一样,好吗?"我缓缓地说着。

许是亲身经历了刚才的那波轰炸,小勇不再像平时那样沉默,而是有点腼腆地点了点头。

"那你能告诉我,你为什么不喜欢学习吗?"我轻声地问道。

"如果我说了的话,沈老师,你能不笑话我,不骂我吗?"一个轻轻的试探性的声音让绒布板报上的水墨画都流动了起来。

"嗯,我保证我不会笑你,也不会骂你!"我一脸郑重地回答。

"我……我就是觉得不公平……所以也不想好好学习。"他低着头说。

"哪里不公平了呢?"我继续追问。

"爸爸妈妈不许我玩手机,可他们自己却一个劲地用手机玩游戏、看抖音!"

他生气地回答。他的话语,让我的心揪紧了,我不得不承认小勇所说的现象在目前很多家庭里都存在,我知道小勇其实并不需要我的回答,于是继续问道:"还有哪些地方让你觉得不公平呢?"

"我觉得……做老师……很轻松,不用做作业,不用考试……"小勇不好意思地说道。其实,我真没想到小勇会有这样的想法,继而询问:"你觉得当老师很轻松吗?"

没等他回答,我便把自己所要做的各项工作,所要参加的各项培训都一股脑地告诉了他。我想着,或许让小勇多了解一下我的工作,可以让他的内心获得更多的平衡感吧。

随着我一点点地讲述,小勇那双总爱盯着双脚的眼睛,慢慢地抬了起来,十分专注地看着我。我想,当时我的脸上肯定装出了很惨的样子,小勇不知是真的喉咙痒了,还是假装出来的,竟然咳嗽了几下。而我有时候也是一个戏精,我故意眨巴着雾蒙蒙的眼睛,瞅着小勇,然后轻声地哀叹道:"哎,是不是觉得沈老师比你辛苦,比你可怜,我可是既要工作又要学习呢!"

"嗯,是有点可怜……"这个大男孩就这样不知不觉掉进了我的苦情戏中。

"按照你的说法,我也觉得你爸爸妈妈做的有点不妥。但你有没有想过,你爸爸妈妈工作中的辛苦,这些你可都看不见呀!"

这次,小勇没有再反驳,低下头,像是在思考着什么。

我捕捉到了小勇的微妙变化,便拉起他的手,真诚地说道:"小勇,以后请你尽量按时完成作业,不要让他们在我耳边不停地念叨你的名字,好吗?"抿着嘴的我,像极了一个受了委屈的大孩子。小勇则仿佛成了那个即将拯救我的英勇骑士。小勇像是下了很大决心似的,用力地点了点头。

从那以后,小勇像变了一个人,他不再故意"赖"作业,他开始努力着,拼搏着,进取着。若说他的改变为何会那么快、那么大,我想这大概是因为他把内心的不满都说出来了,拂去了心里的那层雾霾,从而蜕去了束缚自己的那一层层茧吧。

美好的事情常常会有美好的结局。令人欣喜的是，小勇在这个学期期末考试中，语文、数学的成绩都及格了！我迫不及待地在第一时间，通过电话把这个好消息告诉了他。

领成绩单的那天，小勇特地带了一个蛋糕送给我。我惊喜地发现，他脸上流淌着的笑容，他身上流露出来的自信是我从来没有见过的。我一点点地吃着那个蛋糕，仿佛是把他的心都甜甜地装进了我的心里。

将《诗经》赠予孩子们

在暖暖的灯光下，我轻轻地翻开《诗经》。看着"诗经"二字，我不禁想到："诗"是指诗歌，那么"经"呢？是指古人的经历、经验吗？思及此，我便对"经"字的释义进行了一番查阅，发现其中有一个释义是：作为思想、道德、行为等标准的书，亦称宗教中讲教义的书，或称某一方面事物的专著。这样一解释，似乎就合理了。但是我又想，是先有这些经典的国学作品《诗经》《道德经》《易经》《黄帝内经》……，还是先有"经"的那一层释义呢？

该问谁呢？真心不知，那不如一笑置之吧。只道那简简单单的一个书名，就让我的思绪乱飞，真是有趣。《诗经》作为我泱泱大国最早的一部诗歌总集，是诗歌生命的起点，共收集了311首诗歌(其中有6篇为笙诗)，分《风》《雅》《颂》三部分。我的读诗之旅便从《风》开始，而后是《雅》，最后是《颂》。

通读完一遍之后，我发现《诗经》里有很多描绘爱情和婚姻的诗，也有反映当时人民艰辛的生活和讽刺统治阶级的诗。这难道就是《诗经》得以长远流传并被奉为经典的原因吗？我想应该不会那么简单吧。

于是，带着困惑，我再次重读《诗经》。第二次的读和第一次的读很是不同，第一次的读是想知道《诗经》到底讲了些什么内容，第二次的读是想探寻《诗经》的内在魅力。读着、困惑着、释怀着，然后再次读着、困惑着、释怀着，在反反复复中，在与经典的对话中，我似乎找到了我想要的答案。

《诗经》里的诗歌，句式多以四言为主，可谓短小而精悍。而重叠的章句又使诗歌多了一份节奏感。这些诗歌在古代都是配乐的歌词，是诗、舞蹈、音乐的完美结合。可惜的是随着时代的变迁，这些诗歌的乐谱和曾经为之蹁跹的舞姿，都已逝去，令人惋惜。

因着《诗经》的这一特点，我毫不犹豫地将这本书推荐给我的孩子们。小学阶段的孩子处于懵懂的年龄，读这些富有节奏感的诗歌，能让他们感受语言的美。这对他们之后学习课本中的古诗、散文……都有益处。王国维曾说："言气质，言神韵，不如言境界。"境界是一种玄妙的东西，吟诵《诗经》，可以不求甚解，只需体悟境界。

读《诗经》可以帮助孩子们寻找到字词的根源。我初读诗经，发现很多不会读的字，还有很多不明其义的字，在看了注释后总有一种恍然大悟的感觉。有人说："《诗经》中字词的含义，多数是这些字词最原始的意义，也就是说，作为象形字、会意字造字之初的意义。"例如"谁谓雀无角？何以穿我屋？"中的"穿"字，在这句诗里的意思就是穿透、穿破。"穿"如今被称为会意字，表示牙在穴中，造字时表示贯穿，与穿破意思接近。

除了了解字词的根源，其实读《诗经》，也是在日日诵读中积累字词的含义。从这一点来说，我突然就觉得《诗经》特别适合小学阶段的孩子吟诵。小学和初中的衔接目前存在着一个很大的困境，那就是学生对古文一知半解。古文，顾名思义，是古时候的人用古语言写的一件件事情，传的一份份情谊。《诗经》也是古人留下的文化，在小学阶段，常读《诗经》，积累字词的含义，到了初中阶段，面对古文，那就像是一场故人重逢的场面了。

此外，读《诗经》可以滋养我们的心灵。孔子特别重视诗教，认为诗教可以固人性之本然，即温、柔、敦、厚。也有人说，"《诗经》作为我国传统的国学经典，是文史哲的统一，所谓文就是指向和谐的心灵，史则教人明辨是非，而哲让人有活跃的思维"。

这样一细说，我们就能清楚地看到《诗经》对一个人的影响是多元的，是正向的。语文教育要培养学生形成正确的情感、态度、价值观，而《诗经》与语文教育在本质上是相通的。我知道，我若把《诗经》带进孩子们的世界，定会生出许多神奇的力量。

我偶然地遇见《诗经》，走进《诗经》，从而喜欢上《诗经》。我想将它赠予给我可爱的孩子们，让他们和我一起在低吟浅诵中感悟中国文化的美，让他们在现实与历史间穿梭，借经典丰厚自己思想的底蕴。

发挥大自然的力量

一个特殊的时间，一个特殊的场合，使原本不会引起多大波澜的文字，有了新的生命，有了新的故事。

暖暖的午后，我们班的源源同学正在向我们分享《草房子》中的一段话："今年的春天一下子就来了，油麻地小学的孩子们，望着天空那轮忽然有了力量的太阳，被冬季冻结住了的种种欲望一下子苏醒了。他们再也不愿回到教室去。喜欢村巷，喜欢河边，喜欢室外的所有地方。上课铃响过之后，他们才勉勉强强地走进教室。而在四五十分钟的上课时间里，他们总惦记着下课，好到教室外面撒野去。"

当源源分享完这段话后，一位女孩站起来笑着问道："你为什么喜欢这段话呢？"源源像是猜到小伙伴会这般问，自信地说道："这段话写了油麻地小学的孩子们在春天来临的时候，特别喜欢待在大自然中。"说完，还不忘露出一个甜甜的微笑。

不知怎么了，原本不喜欢打扰他们交流的我，竟然忍不住追问道："源源，你喜欢这段话，只是因为油麻地小学的孩子们喜欢待在大自然中吗？"我一边问一边温柔地看了看源源，也看了看全班孩子。孩子们显然有点惊讶于我突然的追问,有的挠挠头,有的嘟嘟嘴,都陷入了沉思,可爱极了。

那时,阳光调皮地溜进来,趴在孩子们的桌上,乐呵呵地瞅着他们。我将目光再次转向源源,源源也看向我,似乎有点不确定地说道:"他们很有活力,有……小孩子的样子。"我继续问道:"那你是因为喜欢小孩子,所以喜欢这段话吗?"源源的心里似乎又变得明朗起来,她又恢复了以往那种自信的笑容,说道:"我也是小孩子啊,和故事里的他们一样,我也充满了活力,他们就像是我的影子!""额……只是因为他们像你的影子吗?"面对我进一步的追问,源源陷入了沉默。此时一位男孩有点犹豫地站了起来,手绞动着衣服,轻轻地说道:"你可能想和他们一样,在春天来临的时候,去外面尽情地玩,不想上课吧!"这位男孩平时特别腼腆,课堂上也从不会主动发言,然而,此时的他,像极了一位骑着白马的王子,带给我们惊喜!

我摸着源源的头,柔声地说道,"沈老师猜,你之所以会分享这段话,可能是因为在你不曾询问的内心深处,也想和他们一样,在春天里尽情地撒野,逃离课堂,跑进大自然中去吧。"我转过身,面对全班孩子,问:"你们喜欢这段话吗?你们是不是和油麻地小学的孩子们有一样的渴望呢?"孩子们的眼睛忽闪忽闪的,都用力点了点头。"孩子们,我们在读书时不仅要读别人的文字,也要读自己的内心。"我深情地注视着他们。

看着这些可爱的孩子,我大声说道:"趁着流浪多日的太阳回来了,沈老师和你们一起当一回油麻地的孩子,去寻找那初露嫩芽的春天吧!"这群五年级的孩子欢快地难以自抑,小白牙一个个都跑了出来,有些调皮的家伙竟从椅子上跳了起来。

走出教室,我和孩子们选择了一块草坪。初春的草坪是最耐看的。孩子们三三两两围在一起,有几个蹲在地上,像在研究着什么。我忍不住凑上前去,发现这几个孩子在研究小草呢!这时的草最是不一般的,已然枯去的黄黄的草,刚冒出头的绿绿的草,它们夹杂在一起,很是亲密。孩子们用手摸摸绿绿的草,再摸摸黄黄的草,感受生命的萌发与逝去。我不禁说道:"这草就像人,会有初生,也会有消逝。但是每一种生命形态都是糅合在一起的,这便是生命的伟大和魅力。"随着之后进一步的观察、抚摸、交流,孩子们对生命的本质有了更深的认识,而我也有了属于自己的收获:曾经觉得生命教育很高远,如今看到杂糅在一起的代表不同生命形式的小草,才真切地感受到要实现润物细无声的教育必然要回到大自然中去,回到生活中去。

阳光透过光秃秃的树枝,洒在草坪上。在阳光的照耀下,孩子们发现了另一个好玩的东西——影子。面对这么美的意境,我自然而然地吟出了雪野先生写的一首儿童诗:

影 子

影子好懒!	影子好胖!	影子好胆小!
有脚却不会自己走,	好像没有长骨头?	这么大的个子,
躺在地上,	贴着墙壁,	从不一个人呆着,
让我拖着走。	靠它扶着走。	睡觉,还要我紧紧地拥抱。

当我试着用儿童的口吻将这首诗吟诵出来送给孩子们的时候,我发现他们的脸始终是昂起来的,虽然有一半在阳光下,一半躲在阴影中,但不管是哪一半,都洋溢着微笑,像花儿一样美好。我竟然看得有点呆了,在那一张张稚嫩的小脸上,我仿佛看到了童年时的自己,那时的我也对身边的一切充满好奇,喜欢探究,总能遇见简单的幸福。我不禁感慨:童年真好,童年里的我真好。

正当我陷入回忆时,这群可爱的孩子,央求我教他们念这首童诗,可我却仿佛回到了那个充满童心的自己,故意嗔怪道:"老师可是出来玩的呀!不教不教!"身边的孩子先是一愣,随后都忍不住笑得前仰后合。他们好像受了鼓舞似的,争着围到我身边来,有的给我捏背,有的不停地夸赞我,有的甚至挠起了我的痒痒。我笑得忍不住在草地上跑起来了,以往严厉的形象早已跑得无影无踪。我不曾想在这个寻常的春天里会和孩子们走得那么近,那么近。看来,这个春天注定要不一样了。

笑过、闹过，我拿出自己的手机，对孩子们说："我们来捕捉影子，记录下我们和影子的故事吧！"孩子们一听，都从草地上爬起来了，有的拍拍屁股，有的来抢我的手机，真是热闹极了。我们摆出各种姿势，影子也跟着摆出各种姿势，在"咔嚓"声中，影子被定格了，快乐也被定格了。

如果此时你的手边正好有一部相机，如果你不小心被我们所吸引，说不定也能捕捉到我和孩子们在种植园里，在叠水瀑布旁，在梧桐树下……那些千奇百怪的身姿，那些洋溢着喜悦的笑脸。

玩累了，我们就随意地躺在草地上，眯着眼看太阳。我偷偷环顾身边的孩子们，真心希望他们能明白读书的意义，能领略自然界中万物的美好，能将这不一样的"春天"永远珍藏在自己内心最柔软的地方。而我，也在这春天里遇见了教育的真谛，遇见了童年的美好，遇见了另一个"春天"。

从考场纪律反思教育方式

我们来说说考试吧。一个人的一生中会经历大大小小无数场考试。从一年级起，我们就与考试相遇。有些考试不那么重要，而有的考试却让我们的人生轨迹发生改变。

我们要想在考试中取得好成绩，除了平时要认真学习，其实更重要的是考试时的状态，这个状态包括考试时的心理素质、身体素质。回想自己小时候，班级里的同学似乎都很在乎考试，平时学习不认真的那几个同学，临近考试也会拼命地努力学习，在考试时更是会认真答题。

现在，我成了教师，每次监考就希望时间能快点过去。因为总有那么几个学生一答完题，就在椅子上转来转去，偷偷地聊天，或者玩各种与考试无关的东西。作为监考老师，我一遍遍地提醒他们，但往往收效甚微。

记忆最深刻的是某次期末考试，我监考四年级某个班级的语文考试。考试时间是90分钟，当70分钟过去后，一些学生已经做完了试卷。于是我便开始了辛苦的"打地鼠"游戏。

一个胖胖的男生转过身去跟同学讲话，我提醒后，他安分了不到一分钟，又侧过去和边上的人讲话。我看着他，心里的怒气就上来了，我"噔噔噔"地走到他身边，严肃地说："你知道现在是考试吗？考试的时候不能和别人讲话！"这个男生看了看我，那态度还有点不屑。

我告诉自己不要生气，但是刚走了没几步，就看到另一个男生拿着黑色水笔在桌子上乱涂乱画，还抿着嘴偷笑。这是考试现场吗？刚下去的火再次涌上来，我板着脸说："你在干什么？你不知道做完试卷要认真检查吗？居然在桌子上画画！"我边批评他边环顾四周，发现无数双眼睛在看着我们。虽然我已经压低了声音，可是有些学生就像看戏般起劲地瞅着。

我站到讲台上，再次重申考场纪律，但是真的没什么用，对于一个只是来监考的教师，他们压根就不怕。到底是什么导致了这样的情况呢？我陷入了深思。

这次的监考经历让我联想到了我们班的一个家长。在一次与她面对面的交谈中，她告诉我："孩子成绩能好就好，不能好也没办法，长大了可以做生意，说不定生活会过得更好！"的确，现在有一些生意做得挺好的人，学历并不高，甚至他们还聘请了高学历的人为他们打工。当我们看到现实中有一部分赚大钱的人都是当年学校里让教师们头疼的孩子时，"教育无用""成绩无用"的说法便传到了一些学生的耳中。

学习本来就是辛苦的，只有尝到学习甜头的人才会觉得学习是幸福的。正是由于一些家长错误的观念、社会上一些不良的风气，学生对学习才有了漫不经心的态度。这种态度，会使他们懒散，会使他们拖欠作业，会使他们形成各种不良的习惯。若在学生阶段，我们不能扮演好一个学生的角色，长大后又如何扮演好一个家长、一个员工、一个领导的角色？

还有一个令我担忧的现象：近几年来，每当学生犯了错误，我请他们的家长来学校时，我发现好多家长看到自己孩子，说的第一句话是："宝宝，你不用怕，妈妈今天来是了解情况的，你大胆地告诉我到底发生了什么事情"。家长这般话语，在一个确实犯了错误的学生听来，该是怎样的"天籁之音"啊！事实上，请家长来校，多半是孩子真的犯了错误，教师需要尽到告知家长并请家长配合教育的责任。家长被请到学校，应该是一件让学生紧张的事情，能对学生起到一定的威慑力，可是那些把孩子无原则地捧在手心的家长，却让教师请家长来学校配合教育成了一件毫无意义的事情。教师不能体罚学生、侮辱学生，这是特别正确的。只是教育没有任何的惩罚，只有说教，那就会变成老太婆的唠叨，对于一些学习态度和学习习惯特别差的学生来说，丝毫不起作用。

现在有些家长，爱讲大道理。他们并不都会在孩子身上花太多时间和精力，反而把孩子扔给老人，更有甚者对孩子的一切不闻不问。而那些管学生的家长，可能多数采用的是讲道理的方式。我发现一些家长在很多时候也很无奈，觉得自己一直在教导孩子要好好学习，认真做作业，但是为何总是没有好的效果呢？我想说，那是因为你们没有原则。就像小婴儿，起初不会讲话，想表达什么的时候，都会借助于哭。如果孩子一哭，你就满足他所有的要求，那他就知道哭特别管用，久而久之就成了一个哭宝宝。学生也是一样的，不管犯什么错，家长都是和风细雨地说教，不痛不痒地叮嘱，那么他们就会觉得做错事情没什么大不了的，不用承担责任，只要装出乖乖听训的样子就可以了。

考试态度、考场纪律，值得引起我们的重视，值得我们每一个人去反思自己的教育方式。

模仿教育者在教学设计中的智慧

作为一名青年教师，总会在平时的教学中遇到各种困扰，若将其分类，可以简单地分为：如何进行教材的正确解读，如何实现教学的有效设计，如何应对课堂教学中的突发事件。从教近十年，我一直在追寻有效的课堂。

有人说：在有效课堂中，有效教学的评价标准是学生的有效学习，其核心是学生的进步和发展。教学是否有效，关键看学生的学习效果如何，看有多少学生在多大程度上实现了有效学习，取得了怎样的进步和发展，以及是否激发了学生继续学习的动力。

于我而言，阅读是一种享受。在身心俱疲时，书是一味良药，能让我紧绷的神经缓和下来。但是即便爱阅读各种书，在面对繁杂的语文教学时，我仍时常会抚额叹息，颇为无奈。

但正如"山重水复疑无路，柳暗花明又一村"。近期经历的一件事，让我如久居幽林的人，突然看到了宽敞而明媚的道路。故事发生在一次小测验后，为了了解整个四年级学生的整体状况，我们实行了推磨式批卷。

平时总围绕着自己的"一亩三分田"，很难客观地看到班级与班级之间的差距，接下来的奇妙的小插曲也不会发生。正当我埋头批改试卷时，突然批我们班试卷的老师大声地问我："关于《雾凇》的课内阅读，你们班是不是做过了或者讲到过，怎么几乎都对的呀？我发现别的班级的学生，在这题上都错得很厉害。"被这一问，我有点愣住了，赶紧把这题看了一遍，并且认真回忆了一番，思来想去，我对那位询问的老师以及后来凑过来的那些好奇的老师，肯定地说道："没有做过啊！"

突然，我好像想到了些什么，当即忍不住笑出了声，并激动地对同在批卷的同事说："我想起来了，我想起来了，这篇课文在备课的时候，我由于理不出上课的思路，就上网寻了名师的课，正好有我们薛校长的教学实录，我便结合我们班的实际情况顺着他的思路和板块，做了一点小改动。真没想到借了一点薛校长的智慧，竟让课堂变得那么有效。"那些老师一听，忙说："看来我们以后上课前，也要多搜些名师的教学案例，多学习一些他们的经验，毕竟这些课只能上一遍，有没有效果就全在那两三个课时里了。"各自发表完感慨后，我的心里也久久不能平静，我感觉这就像是突然到来的幸福。我不禁开始回忆,在当时那节课上,我主要借用了薛校长的哪几个板块?板块里有哪几个关键性问题?我边想边在笔记本上罗列,记录了以下几点:

1.谁能将饱和的水汽、雾气、霜花、雾凇之间的关系用几句话说清楚呢? 2.以下七个句子将雾凇的形成过程具体写出来了。第二排的同学每人读一句,看看你读的这一句是写水汽、雾气、霜花还是雾凇? 3.形成雾凇一般要八到十个小时,而文中第二段只写了八句话,当你读完这八句话后,有没有感觉这是一个很漫长的过程?文中哪些词句表现了这个漫长的形成过程?

在看薛校长的教学实录前,我也搞不清饱和的水汽、雾气、霜花、雾凇之间的关系与区别,因为它们都是一些术语。虽然我可以一一百度,弄懂每一个词语的含义,但是我相信没有哪一个解释能像薛校长的讲解那样,那般贴近学生的最近发展区。雾凇的形成过程是本文的一个重点,也是一个难点,但是借用薛校长的逐句定义,一切都明朗起来。

正如有些教育者所言:教学的有效性取决于教学的有效知识量。所谓教学的有效知识是指,教学中学生真正理解并有助于其智慧发展的知识,是能扩大学生有效知识量的知识。

借用薛校长的教学实录,我心知一定能让学生有不一样的收获,但是当教学效果在测验中真实呈现时,我的内心还是很欣喜、震惊。正如,我期待一朵花开,却不曾想开出的花会那般美丽。

静下心来,我发现我们现在的一些教师有点小懒惰。对于课文的教学,时常会简单地按照自己的理解,随着自己当时的心情想怎么上就怎么上,可以说有了自由却没了好的课堂效果。有多少一线教师会在每堂课前认认真真地解读课文、设计教学活动呢?我想如果进行一场调查,结果会让人失望的。这一现象产生的原因是多方面的,如教师专业能力的欠缺、教师职业道德的弱化、教师工作的繁重……

每个行业里,都会有佼佼者,在庞大的教师队伍里,也涌现了一大批有名的、优秀的特级教师,他们对语文教学的敏感度远远超过我们,他们的教案都是在深入解读文本后精心设计出来的，特别值得我们学习与借鉴。

我们都知道，小小的我们离开母体后就在时刻发挥模仿的本能。因为模仿，我们学会了说话；因为模仿，我们懂得了如何处事；因为模仿，我们在时间的长河里，长成了一道别人眼里的风景。既然模仿是那么的自然，是天生就拥有的特质，那么我们为什么不在语文教学中，大胆地、认真地去模仿那些特级教师的课呢？模仿的第一步，就是观看或者阅读那些精彩的课例，好的便可直接拿来用。我想那些课例的提供者，也定然是乐意的，毕竟中华民族的血液里流淌着分享与给予的美好因子。当然，更高层次的模仿，便是结合自己班级的实际情况，将优秀课例做些适当的调整，使其更具班级特色，更能帮助教师和学生共同完成教学目标，实现语文素养提高的目标。

一个小故事的发生，让我看见了借用别人的智慧可以丰满自己的羽翼。模仿，若能带来有效的课堂，带来教师学科专业素养的提升，我们何乐而不为呢？

借助"整本书共读"的校本实践研究

阅读，不同的学者为其下了不同的定义。有人认为：阅读，就是读书，它是对文字或信息进行感观认识的一种行为方式。阅读不只是表现在表面上的看，在看的同时，大脑还会对知识信息进行读取、加工、整理，会进行感知、思考、推理、分析、发现、想象等一系列复杂的心理过程。简言之，阅读是借助各种感官，对文字、图像等信息进行加工处理的一个复杂的过程。

儿童阅读，是儿童不断丰富内在语言，不断认识自我、发展自我的过程。儿童阅读涉及多个领域，有人就儿童阅读的生理、心理机制和家庭、社会环境等进行了研究。我认为好的儿童文学会对学生的一生产生深远的影响。随着时代的发展，我们越来越多地看到了阅读的价值。课内阅读虽然是专家们经过精挑细选，结合孩子的年龄特征、心理特征来确定的，但是其篇幅过少，无法满足孩子的阅读需求,因而课外阅读就成了课内阅读的重要补充,是学生走进文学之门的一把重要钥匙。

但是,现在的儿童阅读面临着严峻的考验。应试教育的产生,孩子的许多时间被补课、刷题占领。他们被迫将自己宝贵的童年时光浪费在追求显性的分数上。这样的孩子往往神情呆滞,思维不够活跃,缺少朝气与灵性。许多家长不允许孩子花时间阅读优秀的小说、散文、诗歌,在他们眼中,这些优秀的作品对学业成绩没有显著的帮助,是可以被搁置的。

阅读需要一个良好的环境,需要一种氛围。但是现在,手机、平板电脑等电子产品侵占了我们的生活,放眼望去,会发现成人在空闲时通常都在刷微博、玩游戏。在这样的阅读环境下,儿童所感兴趣的事物自然而然也是这些电子产品,而不会是那些有文化底蕴的文学作品。

每一种能力都需要培养。只有大量的阅读实践,儿童才有可能获得阅读能力并得以提升。细细想来,我们现在这些所谓的儿童阅读的指引者——成人,并没有去关注儿童的阅读能力。当我们看不见这种能力的珍贵时,便会忽视它。没有阅读能力,便很难成为一个眼中有光的人。

面对这样的阅读现状,我的内心充满了悲凉,但幸运的是,我所在的学校正好在进行"整本书共读"的校本实践研究,这给了我引导孩子坚持课外阅读的方向与动力。师生共同阅读,它能为小学阶段的孩子的阅读提供有效助力,将教师从略显烦琐的班级及教学事务中解放出来,以书润其心灵、丰其智慧。由此可见,师生共同阅读整本书能促进教师和学生的共同发展,最终实现互惠共生的目标。

所谓师生共读,是指师生在共同约定的时间内阅读相同的儿童文学作品。教师是学生在学习上的重要引导者,教师的言行举止都会对学生产生重要影响。这种特殊的陪伴使得阅读活动有了丰厚的土壤,也在班级内营造出了良好的阅读氛围。

儿童文学的本质就是成年人与儿童在审美领域进行生命交流的一种方式和过程。师生共读的书籍多数是儿童文学,教师和学生在同一个时间点开始阅读同一本书,有利于实现有效的即时交流。这种交流是成人视角与儿童视角的碰撞,是两种不同层次的经验分享,能让学生的阅读体悟拥有深度。

一、铺设共读路径

教师对学生产生的各种影响是巨大的、深远的,学生对教师的影响也是不容小觑的,这便是我们常说的"教学相长"。师生共读能保障师生的阅读时间,优化阅读环境,培养阅读能力。

(一)以"晨、午、暮"保障阅读时间

我知道要使师生共读成为一种常态,需要一种仪式感。在一个特定情境之中,当一种仪式感升腾而起,每个人都被裹卷其中,认同感在集体间强化,个体认知也会随之改变。特别是当仪式一遍又一遍地重复进行,直到习而不察,内化成个体的精神内核时,阅读就成了一种习惯。确定共读时间,有助于仪式感的形成。

师生共读经典、含英咀华便是在与人类崇高的精神展开谈话。而我在实践中感悟到阅读时间的确定需要根据学生的身心发展特点,进行科学而合理的安排。

1.晨诵诗赋:"不学诗,无以言",这是孔子对诗歌价值的赞颂。清晨是美好一天的开始,师生晨诵诗赋可以用诗歌感受精神上的晨曦、唤醒心灵的声音,在歌咏生活中感受每一天。晨诵内容可以包括古诗词、儿童诗等。

2.午读典章:欧阳修说,"生以立学为先,立学以阅读为本。"中午的阳光最热烈,中午的学生最热情,中午也正是消耗了一上午的大脑补充能量的好时光。午间师生共读内容可以是包罗万象的,如百科全书、散文等。

3.暮省哲义:入暮思省是一天中的回望与反思时间,晚上阅读可以促进学生在感悟中成长。因此,晚上适合阅读带有哲理意义的文学,有助于学生在文学作品的思想内容、艺术元素中品味人生内涵,例如读小说等。

(二) 以"校、家、社"优化阅读环境

阅读环境的优化需要从多方面着手。对师生阅读产生影响的无外乎就是学校、家庭、社会，因此师生共读在开始实行的时候就要将这三者有效地联结起来，形成一股合力。

1.校之乐读：师生利用学校的时间和各种阅读条件，开展有针对性的师生共读，可以让校园沉浸在美妙的阅读中。一个班级带动另一个班级，一个年级带动另一个年级，让阅读之风在校园盛行。

2.家之约定：家庭是我们生活的场所，我们有很多时间是待在一个称为家的地方的。在这里，我们受到思想的熏陶，寻得正确的方向。在假期、在放学后，即便教师和学生身处家中，但是当我们有了在家中共读的约定，那么久而久之，师生共读也能改变许多家庭的阅读氛围。

3.社之同化：当师生共读以其独特的魅力，让校园、家庭散发着阅读的芳香时，整个社会能不被同化吗？师生共读将会以点带面，一点点地优化我们的阅读环境。

(三) 以"读、思、写"培养阅读能力

阅读是人类获取知识、认识世界的基本途径之一，阅读能力指的是在阅读文章后应该具有的本领，主要包括认读能力、理解能力、鉴赏能力、评价能力、活用能力、阅读技巧。师生共读能培养学生的阅读能力。

1.读为基石：师生共读能让教师和学生接触更多的不同体裁的文学作品。阅读这些作品，能把师生带入不同的情境，带进不同的文化。俗话说："读书百遍，其义自见。"以读为基石，可以培养师生的阅读能力。

2.思为内化：学习知识要善于思考，思考有其独特的价值。学而思之，方能将阅读时遇到的新知与头脑中已有的旧知紧密联系起来，才能将知识消化、简化、序列化。思考的过程，是一个复杂而神圣的过程，在思中我们实现了与作者的对话，实现了时代的跨越，实现了思想的共鸣。唯有思，才有光。师生共读能促进思考的实现。

3.写为升华：师生共读的过程中，我提出了一个需要遵守的规则——边读边写。不论读到何处，若有所感悟，都应该拿起笔立即将心中的想法批注在边上。通过笔端我们将读与思的过程以文字的形式呈现出来，这也能促进阅读能力的培养。

二、寻求共读策略

师生共读同样需要找寻适合的策略。我曾以接手的一个四年级班级为阵营，开展过师生共读整本书的实践与研究。

有计划、有目标，才能有方向。我在开学初，就和学生共同商讨制订了一学年的阅读计划。阅读计划中包括暂时拟定的师生共读书目、合适的共读场所等。

（一）选择共读书目

表3-1 第一、二学期共读书目

第一学期	第二学期
《保姆蟒》	《根鸟》
《狼王梦》	《草房子》
《象王泪》	《青铜葵花》
《极地特快》	《红瓦黑瓦》
《第七条猎狗》	《读孩子的诗》
《给孩子读诗》	《山羊不吃天堂草》
《退役军犬黄狐》	《蛤蟆爷爷的秘诀》

有人认为：小说更贴近人的心灵，更能清晰地向人们展示人生的意义。阅读这些文学作品，可以从他人的思想、情感、苦难、探险等经历中获得间接经验，从而提高认识、丰富情感、磨炼意志。从某种程度上说，阅读这样的作品，就是在体验成长，或者叫生命的预演。因此，我和学生在确定书目时多半选择短篇或长篇小说，而且一个学期选择的是同一作者的不同小说作品。只阅读一种文体，时间一久难免会觉得无趣，我们还选择了儿童诗和绘本，进行交叉阅读。

(二)确定共读场所

迷人的校园、醉人的湖畔,使我们的共读场所不仅仅局限于教室。我们曾坐在草地上,围成一个爱的圆圈,静静地阅读。当时的天是那么蓝,小草是那么安静,书里的故事是那么动人。

师生共读的最终目的有许多,其中一个便是使学生和教师形成主动阅读的习惯。开始实施师生共读行动时,我们也将共读场所设定在各自的家中。虽然有些学生一开始有点懒散,但是随着整体活动的推进,全班学生几乎都能自觉地踏上共读之路。

三、熟知共读方法

读书方法是否得当会影响整个读书过程,会影响读者对整本书的理解能力,因此我在具体实践中,也交叉使用了多种不同的读书方法。

(一)基础阅读

在小学阶段,我们首先要学会的就是基础阅读,弄清楚每个句子的意思。在师生共读初期,我发现一大半学生在读书的过程中,经常会对某一个句子不理解,以至于对整部书出现认知上的偏差。为此我在共读活动刚刚开始的一个月内,放慢了脚步,让学生用横线画出不大明白的句子,通过私下交流或者共同讨论的方式一起解决这些有疑惑的句子。

(二)检视阅读

检视阅读通俗上说就是对整本书进行宏观的把握,要搞清楚的是这本书在说些什么、这本书由哪几个章节构成。因为我所带的年级是四年级,所以正好可以训练学生的检视阅读能力。

检视阅读分为有系统的略读和粗浅的阅读。有系统的略读是指在拿到一本厚厚的新书时,看一看目录,了解一下这本书包含哪些精彩的章节等。而粗浅的阅读是指面对长篇的儿童小说时,从头到尾快速读完,在读的过程中不必细究每一个字、词、句的意思,只要对整本书有一个整体的认识。

(三)分析阅读

有些书适合浅尝辄止,有些书适合囫囵吞枣,只有少数的书要慢慢咀嚼消化。我在师生共读中运用到的分析阅读就是指要咀嚼消化一本书。

师生共读中有一个目标就是要提高师生的阅读水平。在第二个月的师生共读活动中,我开始尝试让学生分析阅读。但是实践结果并不乐观,只有几个学生做到了咀嚼,做到了慢慢消化,多数的学生还是囫囵吞枣。直到第一学期结束时,能提醒自己进行分析阅读的学生才渐渐增多。

在共读的过程中,时常会出现一些困难,但是自从我综合运用了以上三个共读策略,很多问题都迎刃而解了。

四、实践共读反馈

师生共读还有很重要的一个环节就是共读反馈。师生共读可以增强师生的生命体验感,帮助师生铸造完美的心灵灯塔,照亮人生之路。笼统的共读反馈可以分为:

(一)师生反馈　调查问卷

师生反馈主要指的是学生的反馈,教师负责将学生的反馈进行集中整理。根据学生的反馈发现师生共读中出现的问题后,我会针对这些问题进行分析,以便调整下一步的师生共读计划。我主要采取的方式有:师生对话式调查、问卷调查等。

(二)家校反馈　建联系群

家校反馈主要目的是帮助家长增强对师生共读的重视,让家长了解师生共读的意义。我会邀请家长参加师生共读的一系列展示活动,并在活动中承担记录、管理等任务。让他们在参与活动中体会在师生共读过程中学生的进步与成长。活动结束后,引导家长在学校建立的网络联系群中积极发表意见与建议,共同推动师生共读的可持续化发展。

(三)班校反馈　共读活动

班校反馈旨在汇报师生共读成果,主要通过教师提交的反馈文字、录制的相关视频等,在不断反馈中观察进展情况,以便及时调整出更加适合于发展学生核心素养的阅读计划。

我和学生曾结合学校的暖暖夜读,制作了"暖暖夜读之伙伴夜读"节目。这里的伙伴不仅是指生生之间,也指师生之间。我和学生围绕《山羊不吃天堂草》这本书,制作了三期夜读节目,不得不说这三期节目是一种很好的共读反馈。

1. 以"朗读者"唤醒学生的阅读记忆。

第一期的伙伴夜读确定了"朗读者"这个话题。当学生阅读完《山羊不吃天堂草》这本书后,我们决定以选拔的方式确定第一期的四位朗读者。选拔前,我提醒学生回家之后有感情地练读自己最喜欢的一个段落或者某组对话。第二天,我利用了一节课的时间,让每位学生逐一朗读自己精心准备的片段。

让学生选择自己最喜欢的部分进行有感情的阅读,既是对整本书的回顾,也是学生对书中内容自我理解的一种内化。要做到有感情,势必要理解环境描写的妙处,理解人物的内心,理解人物说话时的不同语气。教师要评价学生的朗读,也要站在比学生更高的角度去感受书中的内容。这是我们以朗读的形式初次回顾了整本书。

由于夜读节目会通过微信进行推送,学生的阅读兴趣被大大激发,爱阅读、真阅读的学生比录制节目前多了许多。

2. 以"同书论道"激起学生的阅读体悟。

第二期的伙伴夜读我们以"同书论道"为主题,紧紧抓住书中的主人公明子,来感受这一人物的具体形象。我和学生共同撰写了"我眼中的明子"这一篇读后感。写完后,我把学生分成四人的小组,在四人小组中进行传阅读后感,再由他们自己指定写得最好的一人在全班进行简单交流。当天晚上,就选出了大约10篇文章,这10篇文章,我们又以课件的形式出示,集体讨论,最终选出了5篇初稿。为了让明子这一人物形象更为丰满、全面,我们又在这5篇初稿的基础上进行修改，最终确定了关于明子的五种不同形象：明子是一个明辨是非的人，明子是一个有同情心的人，明子是一个敢于抗争的人，明子是一个有道德的人，明子是一个有情有义的人。最后便由这5篇文章所在的小组，民主选出录制第二期节目的五位幸运儿。

本期活动的开展，是对人物形象深入探讨的一次实践。通过这样的形式，我和学生对主人公明子的形象有了特别深刻的认识，这是一种巨大的收获。

3.以"好书推荐"延长学生的阅读痕迹。

师生共读的一大目标是把阅读的好书推荐给别人。我们的第三期伙伴夜读就以"好书推荐"为主题。关于这次的好书推荐，我和学生商讨之后，决定设计为四个板块：以演讲述主题，以手报绘人物，以课件示情节，以札记录环境。我们以4~5人一小组为单位，自由选择其中的一个板块开展活动。在自由选择、相互协调之后，每个板块都有了相应的负责团队。之后，我们以投票的方式选出了四个优胜小组，并对四个优胜小组的作品提出修改意见。第三期的活动便在这四个小组中，以自愿报名、互相推荐的形式确定出最终的四名录制者。

第三期的夜读节目，我们从小说的主题、人物、情节、环境出发，对《山羊不吃天堂草》这本书开展全面的探讨，从而看到了明子身上自强不息、坚韧不拔的精神，领悟到了他宁可饿死，也不愿吃天堂草的那一份尊严和高贵，整部作品回荡着道德和正义的昂扬旋律，高奏着人格力量终将胜利的铿锵乐章。

通过这三期的节目，我们实现了阅读由薄到厚再由厚到薄的过程。由薄到厚是阅读积累的显性表现，由厚到薄则是阅读水平指向深度的隐性表现。

作家史蒂文森写过一首诗，叫《点灯的人》。诗中有个点灯的人，叫李利。李利，在每天太阳落下后，就扛着梯子走来，把街灯点亮。于是，那些坐着喝茶的人，就又看见了柔和的光。我愿借助学校"整本书共读"的校本实践研究，做那个点灯的人，让学生和我自己都能时时浸润在书香中。

以"小帮派"的形式实现差异教学

看到"差异教学",不知怎么我想到的是这样一个画面:在一个落后的小山村里,只有一个教师,二十几个孩子,这些孩子有的7岁,有的10岁,他们坐在一个教室里,由同一个教师教授不同的知识。可能第一组学习的是一年级的内容,第二组是三年级的,总之每组的教学内容、教学难度都不相同。一个教师,那么多不同年龄、不同年级的孩子,他们和谐地在一个破旧的房子里实现着教学的美好,这样的场景是多么动人。

现在我们总会抱怨,班级里的孩子人数太多,多得使我们不能关注每一个儿童。那么上述画面中的情景是否会给我们带来一些冲击呢?有时候我们回头看看教育来时的路,就会顿然醒悟。曾经我们可以在一间小小的教室里实现分级教育,那现在为何不能尝试差异教学呢?我一直觉得"差异教学就是采用不同的教学方法,尊重学生的个性,达成他们各自的身心发展目标。"

我们都知道孩子在进入小学之前所达到的知识水平、获得的思辨能力都带有鲜明的个性色彩,小学的教育致力于在一个个有趣的童真的心灵上创造幸福、创造奇迹。

我觉得在小学语文教学中实现差异教学就是站在儿童的立场上,倾听儿童的声音,关注每一个儿童的成长。小学语文教学是基础教学,是实现其他教学的基础。作为一名语文教师,我特别关注班级里每个孩子的成长。不可否认的是,不管我们接手哪一个班级,都会有几个特别让我们愁上心头的孩子。

那时候我接手了一个四年级的班级。这个班级的学生是从一年级开始就成为同班同学的,可以说已经有了三年的同窗情。虽然这个班级的学生一致"对外",但是内部也是早已分化,他们组成了一个个小团体,好在这些小团体之间没有太多矛盾,只是存在着情感上的亲疏远近。

这个班级孩子的学习情况和大多数的班级一样，呈现出了明显的三级分化。有的孩子课外知识渊博，统一设定的教学内容在他们看来犹如小点心，完全吃不饱。有的孩子觉得课堂的教学内容正如夏日里的冰激凌，恰到好处。而有的孩子呢，则像学天书般，硬着头皮乱学，如那小和尚般做一天和尚撞一天钟。

我一直觉得我是个有着童心的老师，会做一些孩子般的事情。也不知是什么风刮来，有一天，我批着手里的作业本，突然就想到了班级里的小团体，产生了一种奇特的想法。是的，我要在班级里创立"小帮派"！

说干就干。产生"创立帮派"念头的当天，我就利用了一节语文课的时间，在班级里宣布了我的重大决定。还记得，孩子们初听"创立帮派"时一个个都惊得张大了嘴巴。看着他们的那副模样，我略显得意地说："你们都没有听错，沈老师打算让我们班级成为一个小小江湖，创立三大帮派，分别为：保守派、前进派、激进派。"我一边说一边转身在黑板上，写下了三大帮派的名字。有孩子忍不住问道"这三个帮派什么意思啊？"我伸出食指，悠然转圈，嘴里念叨："不急，不急，听我慢慢道来！'保守派'成员今后只需要完成基础难度的作业，思考基础性的问题；'前进派'成员要完成沈老师布置的不同难度的作业，思考略带挑战性的问题；'激进派'成员除了固有作业外，沈老师会额外奖励一些高难度的作业，当然也要思考高难度的问题。现在，你们就根据各自的喜好，加入不同的派别吧！这里要注意的是，每个月的一号，你们可以根据实际情况自主选择自己下个月所在的帮派哦。"

孩子们听完我的话，个个激动得不行。那些平时懒惰、成绩较差的孩子也都来了劲。不多一会儿，就统计好了各大帮派的成员，选出了帮会主席，而主席又可以为自己选几名得力的"手下"。

确立了帮派，运转起来倒也不是一件简单的事情。首先我按照孩子们的帮派重新排座位，一个帮派的孩子坐在一起。于是，我们的教室座位就呈现出了两边少，中间多的现象。分好阵营，我的语文课上起来就容易多了。当然这个座位的分布也没有影响到别的任课教师，相反也对他们起到了一定的帮助作用。

根据不同的帮派,我在上课时会提出不同难度的问题,然后请不同帮派的孩子回答。当然我是个贼贼的老师,"创立帮派"的目的本就是在进行差异教学的基础上,不知不觉地开发孩子们的潜能。因而,有些适合"前进派"的问题我也会说成是"保守派"的,有些"激进派"的问题说成是"前进派"的。

至于作业,我倒是按照了三个派别的特点,精心设计的。这避免了"保守派"的孩子可怜兮兮地盯着不会的题目长时间地发呆,从而丧失学习的热情和自信;也使"激进派"的孩子不会抱怨作业的无聊与无趣。

当时正好读了一本国外的《寓言集》。在这本书里提到了这样一个故事:一个年轻人潜心了解弩炮的威力,为此不惜来到遥远的地方,拜访一个对弩炮相当有研究的专家。他缠着专家,想让专家向他讲述弩炮的威力。那位专家只好和他提及了几次大型战役,而在这些战役中,弩炮其实并没有真正发射,但是却让敌军纷纷缴械投降。这个故事里弩炮的威力谁都没有真正见过,但它产生的心理暗示却给它镀上了神秘的色彩,那时的人们都极其惧怕它。

我们的帮派运转,其实也是偷偷给了孩子们一种暗示,暗示他们,沈老师给他们的作业都是他们能够完成的,沈老师提的问题只要简单思考下就能寻得线索。

自从在班级里创立了帮派,我感觉教室这一小小的江湖也迎来了春天。背书也好,作业也罢,我不再需要猫抓老鼠般的辛劳;课堂气氛,明显活跃了许多;不同帮派间似乎也"暗流涌动",学习的气氛浓厚了。

夜间,坐在电脑前,敲击键盘,是我思考的时间,也是我特别喜欢的时间。我将创立帮派后一些孩子的改变记录了下来,结果是那么令人欣喜。

先说A吧,原本作业不肯做,态度相当傲慢。但自从加入"保守派"后,却发生了惊人的变化。当时他被我任命为帮派主席,可能是接受了从未有过的重托,他一改以往不做作业的坏毛病,不仅如此,他还督促他的帮派成员认真、快速地完成他们的帮派任务。有了责任,就会长大吗? 有了被呵护的感觉,就会改变吗? 我想是的。"保守派"的成员本身基础都比较差,减少一些对于他们来说太难的作业，对他们来说是一种解放，赢得了喘息的机会。

再说B和C，这两位孩子的语文水平本来都排在班级中上游。但是他们选择了不同的帮派。B选择了"前进派"，C选择了"激进派"。这可能跟他们的性格有关，有的孩子喜欢四平八稳的生活，有的孩子喜欢挑战自己。一个学期之后，这两个孩子各个方面的情况都比之前好了许多。

帮派，其实就是根据孩子的差异，让他们形成一个个互帮互助的小团体。以帮派为借口，减免一些孩子的作业，让教育变得温柔，变得善解人意；以帮派为契机，托举那些想要眺望远方的孩子，帮助他们实现远行的梦想。

说到这儿，有人可能会说，这有点不符合教育儒雅的特质。但事实上，这和我开篇讲的山里的故事有着异曲同工之妙。山里的那种教育形式是迫于现实的无奈，而我们的这种教育形式是在保护每一个孩子，尊重孩子们的差异性。我一直想说，只要教育的形式能让每一个孩子都健康而快乐地成长；让每一个孩子都能在清晨醒来的时候，充满去学校的渴望；让每一个孩子能在未来的时光里微笑着去回忆自己的小学时光，那么这样的教育就该是对的。

因而在往后的教育教学中，我会继续使用小帮派的做法，也会设计更多符合差异教学的创意化教学。

让有声体验走进习作修改

我发现，目前大多数小学语文教师依旧在习作修改中占据着主体地位，而高年级孩子只关注习作的创作过程，每次习作完成后，仅以默读的形式将文章简单地通读一遍。习作修改的耗时、费力以及可替代性，使他们与习作修改之间尚未建立起有效的联结。为此，我在从教高年级时，曾多次尝试借助"有声体验"唤醒孩子们的习作修改意识，并且建构他们的习作修改能力。

有声体验是指孩子们通过将自身浸润于朗读所产生的声音场，获得某种意识的觉醒与能力的建构。它是小学高年级孩子自主修改习作的一种方式，一种载体。在有声体验中，如果孩子既是文章的创作者又是修改者，就要做到眼观其文，口读其声，耳听其音。"观、读、听"构成了有声体验的三要素，促成了有声体验的真实性与全面性。在丰富而真实的有声体验中，孩子们的习作修改意识与修改能力将会发生很大改变。

在朗读他人或自身的习作时，孩子们会有意无意地去追寻语言水平的提高。有人说："修改习作是对习作的再认识、加工、完善，是将好习作的标准运用于实践的过程；是复习与巩固习作知识的过程；是重新打磨锤炼语言文字的过程；是追求表达精益求精的过程。"的确，修改习作不亚于将初次写作时产生的所有记忆，包括记忆中的情感、场景再次重现，甚至触及最初创作时未曾联想到的更深刻的事物。

好文不可能通过一次的修改就习得，必须要在一次又一次更纵深的修改中不断完善。此时，反复的有声体验，就可以帮助创作者和修改者不断对文章的"语言"进行剖析与美化。每一位习作修改者，只要愿意经历无数次的习作修改实践，便能在语言的造诣上实现由"量变"到"质变"的飞跃。

习作的修改，向来不是只在语言上下功夫，而是兼顾思想情感的修正。当把文章从无声变为有声，文章所潜藏的情感与道德感也借由声音传达出来，也会影响到读者的道德成长。所以说，孩子们在自主修改习作中通过有声体验，自主强化读者意识，让读者通过阅读文章获得一种精神的丰盈，道德的美化。

叶圣陶先生认为："写完一篇文章，念几遍，对于修改是很有好处的。文章写完之后，不光念一两遍，三遍四遍或者更多，直到自己满意。"

此外，老舍也极力提倡在修改时多读多念。他认为，念的力量非常强大，许多原本没有发现的问题，只要认真仔细地念一念就会发现。正如他所言"文章写完之后，要多念几遍。念一念，那些不恰当的字句，不顺口的地方，就都显露出来了，才可以一一修改。"

"有声体验"其实是指在多次的朗读中产生一种丰富的体验感，而每一次的朗读所指向的关键点或能力的成长点都是不同的,我想从"语感、语识、语境"三个维度,探讨在有声的习作修改体验中孩子们所能建构的一系列能力点。

一、从语感的维度初步审读

语感是一种能够比较直接又迅速地感悟语言文字的能力,是孩子们语言水平的重要组成部分。它与孩子的学习经验、心理经验等密切相关,包含着理解能力、联想能力等诸多因素。在有声的朗读中,孩子所惯有的语调、节奏以及对语言的敏感力等都使他们拥有了独属于自己的语感第一线。

高年级孩子在自主修改习作的时候,第一次的出声朗读就是凭借自身的语感对文章进行通篇的审读。这次的审读重点主要落实在:句子在朗读的时候是否通顺,是否别扭。如果出现不通顺或者别扭的地方,就及时进行修改,修改的标准就是再次朗读的时候句子能够变得通顺。

例如我和孩子们曾遇到这样一个句子:"我在打翻了一个瓶子,水被我哗啦啦地流了一地。"当凭借着语感初读这句话的时候,虽然能明白它所传达的意思,但总觉得读起来非常别扭。对于一些孩子来说,这样的句子在读第一遍的时候只会觉得很怪,却很难一下子准确地进行修改。对此,我们就可以跟随教育界优秀前辈们的步伐,引导学生读第二遍、第三遍,反反复复地阅读。当然,此时的朗读是变了花样的,可以试着将这个句子中的语言删掉些、增加些,或者将某些词语的顺序交换下,只要使修改后的句子能通过"语感"这一关,便是有效的习作修改。

有声体验中的语感体验是路径的前半段,没有什么技巧,依赖的是个人的经验。虽然也可能变换了语言的顺序,增删了语言的内容,但此时依旧是单纯的语感世界。

二、从语识的维度深入分析

语识的表征是语言符号——文字,是言语的载体,是达成习作的创作者、读者、聆听者之间深层交互与理解的桥梁。习作语言的有声呈现，让同一主体或者多名主体间产生了即时性的语识碰撞。

高年级孩子的习作中存在着大量的语病，这些语病可以尝试从语法、语义、语用的三个层面深入分析。所谓的语法分析主要是针对句子中的搭配是否恰当，结构是否清晰，语序是否正确，主谓宾是否残缺；语义分析则是在语法基本正确的前提下，去发现语句中可能存在的用词不当、不合逻辑的地方；语用分析与"用"有关，主要是看句子中的语言是否符合表达习惯。

语法、语义、语用的分析看似复杂，其实通过有声朗读，小学高年级的学生也能在多次实践后逐渐掌握。基于语感的审读后，教师可以指导他们在朗读中遵循三部曲，即语法、语义、语用的递进过程。如果凭借语感的朗读是无意识的，那么此时他们则完全进入了有意识的状态。他们边朗读边调动已有的语言学知识，用敏锐的眼光发现文章中隐藏着的较为深层次的语病。

我曾教过的一个学生写过这样一段话："小时候，买了一个漂亮的洋娃娃给我，我开心的都蹦上了天。我抱着她走在房间里走着，一会儿给她讲故事，一会儿唱歌给她。我就像是一只吃了癞蛤蟆的天鹅。"在朗读这段话的时候我们会发现它有很多的语病，有些语病能借助语感直接审读出来，比如谁买了一个洋娃娃给小作者，这里缺少了一个具体的人物，也就是常说的主语残缺。每个孩子对语言的敏感性不同，因此这段话中能够通过朗读中的语感直接修改出来的地方也因人而异。但我结合自身的教学经验，以及对孩子们基本学情的分析，发现在这段话中，他们一般都很难发现这样一处语病，即"我就像是一只吃了癞蛤蟆的天鹅"。单看这句话其实没有什么语病，但将其置于整个文段并联系上下文的情感，则会发现它其实并不符合人们固有的语言表达习惯。

在整个借助有声体验进行习作修改的路径中，语识属于中间阶段，也是关键性的阶段。这种深度分析能力符合高年级孩子的最近发展区，也适合在朗读中进行。

三、从语境的维度全面升华

语境是指使用语言的环境,分为内部环境和外部环境。内部环境指在一定的言语片段中形成的上下文关系;外部环境指存在于言语本身之外的社会环境。在有声表达中,要充分考虑语境对语言表达者和评判者的限制,要尽可能使其处于语境的同一现场。

在语感审读与语识分析的前提下,在语境中还原正确的语言表达方式、语言表达身份,从而降低误诊语病的概率。高年级学生若自主修改自己的习作,本身就是以创作者的身份去审查文章中的语法、语义、语用规范。修改者在之前的路径中已经或多或少涉及了语言的内部环境,因此在接下来的路径中只需借助朗读将文章置于社会大环境中。

在此时的有声体验中,可能更多地会关注文章中所隐藏的道德认知以及这些认知对读者的影响。每一篇文章都会传达出作者特有的道德水平、道德观念。当高年级学生从创作者的身份转变为修改者的身份时,也要在朗读的过程中品味文章中的每一个字、每一段话所流露出的道德感。这种道德感不是个体性的,而是社会性的,需要放在社会环境中去辨析、修正。

一篇好文的背后一定是一个拥有良好道德认知,对读者极其负责的创作者。高年级学生若想写出好的文章,成为好的作者,便要在路径的后半段将文章置于语境中,通过自己或他人出声的品读,来寻找和修正文章里藏着的道德感。

经由三个层层递进的不同维度,学生在一遍遍看似重复,实则拥有不同认知过程、思维过程、辨析过程的有声体验中真实而有效地修改了自己的习作。

因此,我觉得有声体验,不仅能够唤醒学生在习作修改中的多元意识,而且能有效地构建学生的习作修改能力。

文本解读里的"四问法"

我一直觉得文本解读是上好课的前提。因此,在听完薛校长的一次讲座后,我的脑海中就突然萌生了一个新的想法:从写作思维的角度去解读文本吧!

我知道写作思维是指在写作的立意、构思、表述、修改阶段所呈现出的不同的思维形式。这种思维包括抽象思维、具象思维、灵感思维等,在不同的写作阶段,不同的思维根据大脑的指令,以不同的形式组合起来,最终达成既定的写作目标。

而文本究其本质而言,也是个人经由不同的思维轨迹形成的一个个文学作品。因此,从某种意义上来说,解读文本就是解读作者的写作思维。当然,文本解读的过程不能等同于写作的过程。文本解读,面对的是一个个已经完成的作品,解读者是作品的阅读者,而非创造者。

由于解读者身份的特殊性,因此利用写作思维尝试进行文本解读时,需要运用创造性思维、发散思维等多种不同的思维形式。我发现这种新型的解读策略包括四个纵向的写作思维层面,若用四个问题进行简单的表述,便是:我会怎么写?作者写了什么?作者为何这样写?我该怎么写?一般的文本解读,都是先阅读文本,并且思考"作者怎么写?",但是如果是基于"写作思维"的角度去解读文本,则需要改变思路,需要摆脱已有的文本内容对"读题创作"产生的束缚。借助写作思维生成的彼此间纵向关联的四个问题是实现有效解读的一个个步骤,我把它称之为"四问法"。

面对命题作文,看到题目的一瞬间,我们就会无意识地调动头脑里的记忆,甚至是身体的记忆。这些记忆的再现是自然而然的,但是如何将各种零散的记忆根据写作的需要有选择性地进行整合,就需要动用有意注意并自问"我会怎么写?"接着,当看到这个命题作文的优秀范文时,常常会带着"作者写了什么?"这样的困惑开始初次的阅读,此时的阅读还处于浅层次的水平,关注的是文章的内容。往下读第二遍、第三遍的时候,会慢慢将自己代入角色中,将自己想象成是作者,用不断走近作者、不断诘问的方式,尽可能地去探寻作者这般写作的秘密,也就是"作者为何这样写?"这篇优秀范文的精彩之处、动人之处通过反复研究,渐渐成为认知与感受的一部分,这个时候若再次围绕这个命题进行作文创作时,写出的作品与最初的那个作品将会是截然不同的,也就上升到了"我该怎么写?"的高度,这便是解读一篇优秀范文的价值所在。而一篇篇教材中的文本从某一层面上来说,就是极为优秀的范文。

为了更好地实践"四问法"在文本解读中的可行性和有效性,我试着运用这种方法对统编版五年级上册第七单元的课文——《鸟的天堂》进行了解读。为了将解读过程更直观地展现出来,我以表格的形式进行呈现。(见表3-2)

表3-2 《鸟的天堂》的解读轨迹

四问	思维的本质	思维的轨迹
我会怎么写	调动语文素养,根据课题尝试初步创作	1.先描写鸟儿居住环境的清幽。 2.接着写人们对鸟儿的爱护。 3.再写鸟儿幸福地居住于此的生动而具体的场面。
作者写了什么	阅读文本,初步了解作者的写作内容	1.作者先写了几段与鸟儿的天堂从表面上看似乎没有多大关联的内容。 2.接着写了一棵极其茂盛、翠色欲滴的大榕树。 3.然后写自己在傍晚时未见到鸟儿的失望,以及第二天早晨看见群鸟极其热闹的场面的那份惊喜与幸福。
作者为何这样写	探究文本,深入分析作者的写作意图	1.在查阅了相关资料后,发现开篇简短的四段话其实是为全文奠定了柔和、平静的基调。 2.作者详细描写大榕树的枝繁叶茂、绿意盎然,其实是为了描写出一种静态的生命力。 3.随后作者先写傍晚未见鸟的失望,再写第二日清晨听到群鸟鸣叫、看到群鸟纷飞的热闹场面,内心里充满惊喜与感动。这种真实的描写,对比的描写,无不是为了表达那种动态的生命力。

(续表)

四问	思维的本质	思维的轨迹
我该怎么写	回到自身，优化自身写作思维、写作技巧	1.再次尝试写有关此题的文章时，试着在开篇采用简短的看似无关主题的内容为全文奠定一种基调。 2.尝试采用静态描写与动态描写相结合的方法，紧扣主题进行创作，将情感融入字里行间，让文字拥有生命力。

从表格中，我们可以清楚地感知这四个问题间有着必然的纵向联系。为了将这种解读方法的独到之处更为翔实地分享，我提炼出了一些系列化的策略。

一、第一问——读"题"构文，奠定文本解读的冲突

拿到一篇课文后，我会将目光先仅仅聚焦到课题上。只看题，只读题，我们可以将这个题目看成是命题作文，并且在心里构建起相关的写作框架。这个框架可以用提纲的形式简单呈现出来，这便是"我会怎么写？"的具体阐释。这一问看似无关紧要，实则是踏上了有效解读文本的第一个台阶。当心里已经架构起了关于课题的一系列自我的写作思路，在之后的阅读中，便不再是茫然地、无所思地直接与文本对话，这可以说是一种特别重要的前期准备。

那么，如何快速地构思文章？我们可以抓住课题中的关键字眼，感受课题传达出的意境。如看到"鸟的天堂"这个题目，可以关注题目中的"鸟""天堂"。题目中的主人公是"鸟"，要描述的是与它有关的"天堂"。仅仅从题目中，教师就能感受到此地的美好。接下去，一遍又一遍地读题，让内心的感受越来越丰满，在它即将呼之欲出的时候，理清自身写作的思维轨迹。

在这一问中，教师有了关于这一课题的写作构思，在接下来的文本解读中便容易形成一种"我——他"的对话与冲突。这种"我——他"的关系主要是指教师看到课题后所形成的自我的写作框架、写作思路与文本作者所采用的框架与思路之间的碰撞与融合。

二、第二问——读"文"识文，初入文本解读的视域

这一问中的"作者写了什么"仅仅指向文本的内容，作为解读者只需关注作者围绕这一课题具体写了哪些内容。梳理内容的过程就是初步进入文本解读的视域的过程。如何梳理，是在解读文本中需要考虑的一个问题。可以用"小标题"的形式将每个自然段的主要内容在书上进行批注，然后再将类似的标题内容进行整合；当然也可以直接将几个有关联的段落以"小标题"的形式概括出来。无论是哪一种方法，都能使文本内容在解读的过程中像一串珍珠一样被有序地串联起来。

例如巴金先生的这篇《鸟的天堂》会写些什么？初读课文至第四自然段时，会发现这些简短的内容与鸟似乎毫无关系，用小标题概括，就是"饭后闲逛，泛舟河上"。再往下读，就出现了一棵茂密的榕树，若用小标题呈现可以是"枝繁叶茂的榕树"。随着作者的文字继续读下去，阅读者就会发现文章内容的奇妙之处：作者先写了傍晚时没有看到任何一只鸟，没有听到任何一声鸟鸣的"鸟天堂"；随后又写了第二日清晨路过与昨日相同的大榕树时，领略到了群鸟纷飞的场面，听到了热闹非凡的鸟鸣声，若将关于鸟的这两部分整合起来，便可以是"鸟儿休息与活动的天堂"。

关于内容的把握，是实现文本深度解读的第二个台阶。当遇到一篇课文，用小标题或者其他有效的方法寻找"作者写了什么"的答案时，便对文本有了初步的了解。当然不同的读者会有不同的阅读感受，会读出略有差别的文本内容。但不管怎样，作为读者的教师此时已经走进了文本解读的视域，眼里已经有了他人的文字。

三、第三问——读"文"猜文，深入文本解读的核心

作者为何要写这些内容，为何要这样谋篇布局？在追寻这些问题的路上，既需要凭借自己的语文素养，也需要事先搜集作者创作这个文本时的个人经历与时代背景。文本解读不能仅仅浮于文本的内容，还要深入文本的核心。不管

解读何种体裁的文章,都可以在"我会怎么写""作者写了什么"的自问后,提出更深层次的问题,那就是"作者为何这样写"当然,作为读者不可能完全把握作者的写作意图,也不可能完全精准地感受作者藏在文中的情感,所以这时候的"猜文"就成了连接心中疑惑与打开文本解读的一个重要桥梁。

1.为何写这些内容

在进行"作者为何这样写"的关键性一问时,可以把它细分成几个小问题。第一个小问题就可以考虑内容的层面:"为何写这些内容"。

就拿《鸟的天堂》的1~4自然段来说。在解读的时候就可以自问:"为什么作者要写这几个段落的内容? 这些内容似乎与鸟的天堂没有多大关联!"通过反复地朗读,可以发现在读这几个句子的时候,内心是平静的、闲适的,有着一种淡淡的幸福感。结合这篇文章的写作背景:当时的中国处于动荡的年代,作者的内心有着时代的压抑和痛苦。至此,可能就会意识到作者可能是想用晚饭后,一群伙伴出行的一系列寻常事,表达自己内心难得的舒适和平静,为全文奠定一种柔和的基调。

可以说,每一个写作内容的选择,都是为了更好地突显课题所要传达的意境或感受,因此在解读的过程中,就可以有意识地与其联系起来。在不断的追问中,实现文本解读的深入。

2.为何用这样的语言

文章的语言是作者人生经历、创作背景、情意表达的载体。任何一种文章,哪怕是说明文,也要表达一定的创作意图:如果是科普类的说明文,作者可能想向读者普及一些科学知识,并且激发读者对科学的热爱;如果是生动类的说明文,作者不仅想要普及知识,更想表达自己对某一事物的喜爱。因此,在解读文本的时候,文章的语言是解读的一个重点。

《鸟的天堂》这篇文章在第8自然段中用到了"堆、照耀、颤动"等字词表现榕树叶子的稠密、翠绿和蕴含的无限生机,让人感受到散文语言的魅力。当然纵观整篇文章的语言似乎都带有一种音乐美,让人的心情莫名地愉悦。这篇文章的语言风格与作者想要传达的对自然和生命的赞美与热爱,可以说是一脉相承的。

因此,在文本解读中,对于语言特色的把握,能够帮助读者更好地走近作者,走近他们为读者描绘的事物、营造的场景中。

3.为何采用这样的结构

结构是一篇文章的骨架,架子散了,便会让人难以琢磨。在文本解读的时候,绝不能忘记对文章结构的梳理。任何类型的文章,都有自己的结构。而结构,是作者在创作一篇文章时费心思索的地方,它的目的也在于更好地呈现文本的内容,更好地抒发文本的情感。

《鸟的天堂》这篇课文的结构便按照事物发展的顺序进行描写:饭后,一路前往划船地点的短场景;第一次经过"鸟的天堂",由于是傍晚,没有鸟儿吸引作者的注意,作者便细细观察了榕树,感受了榕树的生命力;第二次经过"鸟的天堂",由于是早晨,鸟儿们都活跃了起来,因而看到了不计其数的鸟,感受到了鸟与树的和谐共生,鸟与人的亲密关系,鸟儿所象征的生命力。

这样的结构会产生一种"自然而然"的美感。文章的内容不显突兀,情感也是自然流淌。不同的结构都有它独特的魅力。在进行文本解读的时候,就要去探寻其中的秘密,去思考"这样的结构有什么好处"。

四、第四问——读"文"思文,追寻文本解读的外延

读文、解文、学文的最终目标是会写文。深入解读一篇课文的内容、语言、结构后,一定会感觉到作者流淌在字里行间的那份情感,看到作者折射在其中的影子。这时候的"思文"就显得尤为重要。所谓的"思文"包括两个方面,一是:解读文本后,合上书,心里留下了什么?二是:再回看读课题后初步列下的写作提纲,心里会产生怎样的想法?

解读了《鸟的天堂》这一文本后,作为教师,内心留下的是什么?是描述美好的事物时,先用看似漫不经心的几个简短的段落为全文奠定一种轻松又柔和的基调？是语言的表达要注意美感，把自己的情感融在文字中？

当回到思维轨迹的第一问，不妨自问：还会写相同的内容，采用相同的文本结构吗？打算用怎样的语言去串联起整篇文章？

对文本的解读不应仅仅局限于了解文本，走近作者，更应该在解读的基础上，寻找它的外延，获得自身在写作上的多元成长。

基于写作思维的文本解读，会让人产生一种酣畅淋漓的感觉，这不仅是在和作者对话，也是在与自己对话，在不同的对话中，实现文本解读的深刻性。借助"四问法"，能为小学高年级的青年语文教师提供一种清晰明了、便于模仿与实际操作的文本解读策略。

第四章

实践组块教学理念的教学设计

> 组块教学理念是我进行语文教学设计的核心理念,它就像是坐标的原点,发挥着最重要的作用。我的教学设计在内容上都注重知识点的关联性,在结构上均以板块的形式呈现。

乘着"组块教学"的东风

我是一名普通的语文教师,但又是一名幸运的语文教师。作为教师,需要一项很重要的技能——会上课。凡是曾经或者现在正在从事与教育相关联的工作的人,都会清晰地认识到上好一节课,不是那么容易,甚至可以说是很难。俗话说:"巧妇难为无米之炊。""米"在我眼里便是教学设计。教学设计可以说是一节课的灵魂。然而,一篇优秀的教学设计的诞生,需要先进的教学理念支撑,需要有效的教学反思的推动。

还记得十年前参加的编制考试,面试时的课题是"装满昆虫的衣袋"。当时我是应届毕业生,大学里所学的课程基本上都是偏理论性的课程,因而如何写出一篇精彩的说课稿成了困扰我的难题。那个时候,即便给我很多的时间,我想我也写不出理想的说课稿,更何况是在规定的、有限的面试时间里呢。我依稀记得当我在准备室里独自备课的时候,心里特别慌乱,我拿到课文后第一个感觉就是懵了,因为这篇课文有点冷门,我并未在考前研究过它,只是在候考室等待的时候,为了缓解自己的紧张,随意翻阅教参时瞥到过一眼。

于是,我便在分外紧张的情况下,糊里糊涂地备了份简案。现在想想,当时无非是根据行文的顺序,根据自己的理解抓了几个重点段落,关键字词胡诌了一些罢了。虽然之后凭借着努力和好运,我顺利考上了编制,但是我内心深知:路漫漫其修远兮,吾将上下而求索。

可能是源于面试时的那份底气的缺失,也可能是源于对即将面临的语文教学工作的忐忑,我感觉自己就像是突然间被困在了沙漠里,极力地想要寻找那一抹绿意。

任何一种能力的获得,若有师傅的引领,便可少走些弯路,早一点抵达幽处。对于我们学校的每一个教师来说,薛法根校长是我们共同的师父。我何其幸运,所教的学科正好和薛校长一样,都是语文。当我在语文教学的道路上一筹莫展的时候,薛校长的"语文组块教学"就像是春日里的一场及时雨,让久旱的苗儿得到最珍贵的养料;也像独自行走在异国他乡,遭遇困顿时,一声亲切的、带有乡味的问候突然在耳边响起。我便又明确了前进的方向,感受到了力量。

关于"语文组块教学",薛校长做了大量的实践和理论研究,他的研究成果在全国许多小学扎下了根,开出了花,结出了果。我,从事语文教学工作的一名极不起眼的一线教师,也借着薛校长的这股东风,以"语文组块教学"为教学理念不断改进着自己的语文教学。

用薛校长的话来说,"语文组块教学"就是:基于组块原理的教学策略,将零散的教学内容整合、设计成有序的实践板块,引导儿童通过联结性学习和自主性建构,获得言语智能的充分发展和语文素养的整体提升,并建构具有组块特色的语文课程,实现语文教学的科学化。

薛校长的言语总是充满智慧的,需要用心慢慢地揣摩。对于刚踏入教师行业的我来说,语文组块教学的教学理念是高深的,是先进的,是有点想要触摸却感觉一下子摸不准的。但是,它比让我在浩瀚的教学理念里胡乱地寻找适合自己的那一个,要简单得多,有趣得多,高效得多。

当我成为盛泽实小语文教研组中的一名新教师时,我的耳边就开始时常萦绕着"组块"两个字了。久而久之,懵懂青涩的我,被这种理念、这种思想包裹住了。这种感觉就好像是我在海上航行,虽然经历很多未知的风浪,但是始终有那么一束橘黄色的光,可以去追寻。于是,漆黑中,我不再害怕了;风浪里,我不再退缩了。

慢慢地,"组块教学"的理念悄悄地留在了一日日从指缝间溜走的时光里,我抓不住虚幻的时间,却很幸运地抓住了它。这是我语文教学中的幸事,我想这也是我所教到的那些孩子们的幸事。

有了"组块教学"这一明晰的理念,我的教学设计才开始有了生命力。当我在备课时,我总是会问自己几个问题,比如:这些零散的教学内容可以怎样有序地整合起来？不同的板块间怎样设计，才能更好地实现内容或情感上的联结性？教学活动如何安排，才能达到教得透彻的目标？

当我自问又自答了这些问题后，我发现我所有的思考都是基于"组块教学"的理念，我所有的设计也都是依据"组块教学"的模式。虽然我的教学设计在很多方面依旧还不够完善，但是它们至少都已有了"组块"的雏形。

依稀记得，大概是我工作的第三年，当时的我参加了学校的一课三磨活动。我所磨的课题是《小鹰学飞》，这是我工作后，也是我接受了一系列"组块教学"的培训后，独立设计的第一篇课文。当时的那份设计还静静地安好地躺在我的电脑里，一直被珍视着。但我更加珍视的，是当时备课时的那份感受。这份感受与我考编时的感受完全不同。如果考编时的我是一个小学的孩子，能勉强交出一份还算可以的说课稿，那么时隔三年后的我，有点像是高中生了，在进行教学设计的时候，我不再慌乱，不再害怕，心里多了一份淡定。因为我知道我的背后有一个强有力的理念在支撑着我。跟着它走，教学设计的总方向就不会出错；跟着它走，教学设计的精彩就会在某一天突然来临。

我的内心之所以会在三年后有那么大的改变，不仅在于"组块教学"的理念，也在于那一个个生动、鲜明的"组块教学"课例。课例是理念的外显载体，是像我一样初入语文教学的青年教师最摸得着、最看得懂，也是最需要的一种媒介。通过学习与研究一个个基于组块的课例，我对"组块教学"的理念变得更加清晰，我才真正知道该如何化抽象为形象，该如何在教学设计中融入"组块"的精髓。

我珍惜每一次磨课时的独特感受，所以我会用文字的形式做一个详细的记录，这有点像我们通常所说的"教学反思"。我的教学反思依旧是以"组块教学"理念为依托，从多个角度反思自己的课堂。我常常会反思：课堂上最精彩的一个板块是什么？这个板块中最有价值的一个活动设计是什么？这样的教学设计是否符合学生的最近发展区，他们在课堂上的反应如何？整节课上最不顺畅的一个板块是什么？……

每当我在电脑上一一罗列出这些问题,并且凭借记忆去梳理这些问题的时候,我的内心其实是很幸福的。我感觉我的语文教学之路,不管走向哪一个必经的路口,都有一种思想在默默地指引着我。摸索也好,设计也好,反思也好,这前后关联的三个部分,它们都有一个共同的恩师——组块教学。

渐渐地,我越来越喜欢磨课,因为每一次磨课,都让我更加走近薛校长的"小学语文组块教学"。通过阅读薛校长的书籍《现在开始上语文课》《为言语智能而教》《文本分类教学》等,我自身的语文教学也有了实实在在的、看得见的成长。因而可以毫不夸张地说,我的语文成长之路是与"组块教学"息息相关的,我在语文教学上,至今为止所获得的成绩也都是乘着薛校长"组块教学"的东风,一路披荆斩棘,一路前行。

《智慧鸟信箱》教学设计

◘ 教学目标

1. 会写"形、池"这两个生字,理解"生命周期"等词语。
2. 通过抓住关键词等方法有感情地朗读课文。
3. 理解小蝌蚪变成青蛙这一过程是生命周期的重要部分。
4. 初步了解书信的相关知识。

◘ 教学过程

板块一:读词组

1. 成长　生命周期

(1)小朋友们好!这节课我们继续学习17课,齐读课题。猜一猜,沈老师教几年级?沈老师今年教二年级,我发现你们作为二年级的小朋友好像比我们一年级的小朋友高很多。是这样吗?

(2)是啊,一天一天,一年一年,小朋友都在成长中。【出示:成长】【出示:婴儿到幼儿、少年、中年直至老年的照片】这是我们刚出生时的样子,是个可爱的婴儿,然后我们会走路了,我们变成戴着红领巾的儿童,慢慢长大。从出生到年老,人不断地成长,形成一个生命的周期。【出示:生命周期】

(3)谁来读读这两个词语。(指名2人)我们一起读读这两个词语。

(4)许多小动物和我们人类一样,也会成长,也会变化。如小狗成长为大狗,但是它只是单纯的体形变大。

2.蝌蚪　青蛙

(1)可是,有一种小动物的成长和其他小动物不一样,那就是蝌蚪。见过蝌蚪吗?哪里有蝌蚪?【出示:蝌蚪】

(2)这种小动物和别的动物不一样,它出生后,有两个名字,小的时候叫蝌蚪,长大了叫?一起读读这两个词语【出示:蝌蚪　青蛙】

(3)比较一下,发现了什么?有什么不一样?(长得太不一样了,变成了全新的模样。)所以啊,小蝌蚪在成长的过程中有了烦恼,它把自己的烦恼告诉了智慧鸟。

3.写信　信箱　回信

(1)我们可以用很多不同的方法,告诉别人一些事情,比如打电话,还可以用什么呢?

(2)还有一种方式,叫写信。我们把要说的话写在一张信纸上,装进信封,贴上邮票,放进信箱,于是,你想说的话就到了别人的手里了。

(3)智慧鸟收到小蝌蚪的信后给小蝌蚪也写了一封信,这叫回信。我们一起读读这三个词语。【出示:写信　信箱　回信】

板块二:读信

今天学的课文里,有两封信,分别是谁写给谁的呢?【板书:蝌蚪　智慧鸟】

1.读第一封信

(1)指名读。其他小朋友一定要认真听,听得认真,才能想得明白。

(2)这封信写给谁?(智慧鸟)写信要有称呼,小蝌蚪怎样称呼智慧鸟?(亲爱的)多有礼貌啊!"你好",这是礼貌的问候。"痛苦的小蝌蚪于池塘"说明小蝌蚪写这封信的时候心情怎么样?(痛苦)它在哪里写的这封信?(池塘)

(3)一封很有意思的信。老师也想读一读,请你们再次认真听。(去掉"逐渐""正在逐渐""似乎正在"等词语。)

(4)老师读的和课文有什么不一样?"逐渐""正在逐渐""似乎正在"等词语放在这里表示什么? (正在发生变化,是处于变化的过程中。)

(5)我们知道小蝌蚪写这封信时是痛苦的,那它为什么痛苦?

①"我有可能是个怪物。"自己的身体发生惊人的变化,不知道自己会变成什么。如果你的身体突然多长了一个脑袋,突然多了一条腿,你会觉得惊人吗?觉得可怕吗?

②"连自己是不是蝌蚪都不确定,连自己是谁都不太清楚。"你是谁?你是人吗?我们很清楚自己是谁,但是小蝌蚪呢? 蝌蚪的变化这叫惊人的变化,这种变化是让人害怕的。

(6)想要读出惊人、害怕的感觉,可以把这些词语读重音。【出示:应该、不是、惊人、奇怪、到底、问题】

小朋友们可以先自己试着读一读。谁想站起来读一读?

2.读第二封信

(1)指名读第二封信。称呼里多了一个什么?(痛苦的)祝你好运是对小蝌蚪的什么呢?(祝愿)

(2)智慧鸟的回信中解答了小蝌蚪为什么会有惊人的变化。请你自己再读读这封信,你觉得小蝌蚪接到这封信后能不能解除痛苦,会快乐起来吗? 为什么?

我是正常的,不是怪物;我是蝌蚪,我不是怪物。

我们的成长和别的动物不一样,要变成全新的模样。

身体上那些芽儿一般的东西会变成善于跳跃的腿……

从卵到青蛙,都是精彩生命周期中的重要部分。

(3)智慧鸟真是充满智慧的鸟,用一封信就解决了小蝌蚪的困惑,就像我们的爸爸妈妈。朗读这封信,语速要慢一点,亲切一点。就像对面站着小蝌蚪,正在认真地听,谁想来读一读?

3.分角色朗读信

老师请两位同学分别读这两封信,谁读第一封,谁读第二封?

板块三:回信

(1)这篇课文非常特别,一封是小蝌蚪写给智慧鸟的信,一封是智慧鸟写给小蝌蚪的回信。这两封信告诉了我们小蝌蚪成长为青蛙的过程,也就是小蝌蚪的成长知识。(板书:成长知识)

(2)你们读懂这个知识了吗?谁愿意给它们重新排一下顺序?(出示:打乱的小蝌蚪成长图)对了吗?你也来试试?

(3)小蝌蚪也读懂了智慧鸟的信。于是,它不再痛苦,快乐地给智慧鸟又写了一封回信。

回信是这样的:

亲爱的智慧鸟:

你好!

谢谢你的来信。原来,我的身体发生变化是因为我在慢慢长大,正在向青蛙过渡。我原本是一颗卵,慢慢地,卵变成了＿＿＿＿＿＿。又过了些天,我的身体又开始发生变化,＿＿＿＿＿＿。最后,我将成为一只青蛙,有＿＿＿＿＿＿。

我知道了,从卵到青蛙,所有这些变化都是我精彩生命周期的重要部分。

＿＿＿＿＿＿的小蝌蚪于池塘

(4)小蝌蚪太匆忙了,没把信写完,你们能帮助它写完信吗?

板块四:写字指导

1.你们的信都写得非常好,那这两个字你们能写好吗?关于这两个字的写

法有什么要提醒你的小伙伴的吗?【板书:形　池】

2.我们先来观察一下,它们在结构上有什么特点?(左右结构)左右宽窄一样吗?("池"左窄右宽,"形"左宽右窄)

(1)"形"里有一个新偏旁,叫"三撇儿",跟老师读。

"池"有三个点,"形"有三撇,一个字里出现的两个以上相同的笔画在写法上或位置上一般要有所变化。

(2)我们先来写"形":左边为开,在竖中线左边,右边为三撇儿,第一撇起笔略高,第三撇略长,三撇起笔一条线,整个字左短右长。

我们再来一起写"池",三点成一个弧度,右边的也,横折钩的横向上倾斜,折要内收,竖的起笔在整个字中最高,竖弯钩中竖的起笔与第一笔点的收笔处对齐,竖弯钩要向右舒展。

3.反馈。分别找几个写得不好的,以及写得好的字进行指导和点评。

作业设计:

大自然还有许多秘密,假如你想知道,课后可以去读一读本文作者克莱尔·里维林写的另一篇文章《智慧鸟丛林信箱》。

板书设计:

智慧鸟信箱

蝌蚪 ⟷ 智慧鸟　　　形　池

成长知识

《三个小伙伴》教学设计

◘ **教学目标**

1.能借助图片,识记文中的生字词,书写好"伙""伴""把""拉"四个生字。

2.能读懂课文的主要内容,按栽树的顺序说清文中三个伙伴栽树时遇到的困难和解决的方法。

3.能有感情地朗读课文,学会运用停顿和重音的方法读好关键词。

◘ **教学过程**

板块一:趣识生词

1.教学"伙伴"

(1)小朋友们好,沈老师跟大家先做个游戏——猜字游戏。看,汉字很有趣,一个字就是一幅画,一个字就是一个故事,多有意思。来猜一猜这是什么字?【出示:"伴"的字源】

有没有同学猜出来了呢?【出示:伴】

(2)我们一起读!两个人手拉手并肩玩,是亲密的——伙伴(出示词语卡片:伙伴),我们班的小朋友,大家也是好伙伴(指着词语卡片齐读)。来,把你的小手举起来,跟着沈老师一起把这两个字送进田字格。边写边讲解:写"伙"字的时候,我们要注意点低撇高;写"伴"字的时候,还是点低撇高,只不过点和撇的位置稍微偏上一点。

今天我们要学习的课文,讲的就是三个小伙伴的故事,一起读一读课题。(板书:三个小伙伴)

2.趣识生词

你知道课文里的三个小伙伴都是谁吗?噢,有小野猪、小象、小袋鼠(教师在黑板上贴动物头像)。那你们能用一句话说说课文里的三个小伙伴都是谁吗?

有一天呀,这三个小伙伴一起上山——栽树。你们栽过树吗?知道栽树都需要哪些工具吗?

(1)看看,这些工具,你知道吗?谁来读一读?【出示:锄头图片、箩筐图片、水桶图片】

①指名两人读。

②(教师手指向锄头图片)这是锄头,它可是挖坑、松土的好帮手!它可分为锄刃、锄柄,其中锄刃是金属做的,所以"锄"字的偏旁为"钅"。一起读——锄头!

③(教师手指向箩筐图片)这是箩筐,它一般是用竹子编织的,所以这两个字的偏旁为"𥫗"。一起读——箩筐!

④(教师手指向水桶图片)这是水桶,以前水桶大多是木头做的,所以"桶"字的偏旁为"木"。现在的水桶有的是塑料的,有的是金属的。

⑤小朋友,我们一起读这三个词。

(2)这组词谁来读一读?齐读。【出示:嘴巴 口袋 鼻子】

(3)小朋友,我们知道锄头、箩筐、水桶都是栽树的工具。那嘴巴、口袋、鼻子和栽树有什么关系呢?现在我们不着急回答,学完课文,聪明的小朋友一定能找到答案。

板块二:读懂课文,按顺序说话

1.小野猪、小象、小袋鼠一同上山栽树,它们可高兴啦,可是它们遇到了好多困难,他们究竟遇到了哪些困难,又想到了什么办法呢?现在就请小朋友们打开课本,大声地朗读课文,找一找答案。

2.都找到了吗?你能用下面的句式把小伙伴遇到的困难、想到的办法说出来吗?小朋友们自己练一练。

它们没有_____,_____用_____。

3.谁来告诉我,它们遇到的第一个困难是什么,用上面的句式说出来。(它们没有锄头松土,小野猪用硬嘴巴拱了一个大树坑。)(贴词条:硬嘴巴 拱树坑)

4.他们还遇到了什么困难呢,看看谁也能用一句话说清楚。(它们没有箩筐运肥料,小袋鼠用皮口袋运来了一堆肥料。)(贴词条:皮口袋 运肥料)

5.第三个困难呢? (它们没有水桶浇水,小象用长鼻子浇水。)(贴词条:长鼻子 浇水)

6.小朋友们一下子把遇到的三个困难和三个解决办法都找到了,现在请小朋友把三句话连起来说,看看这两种表达方式有什么区别。同样的意思,我们可以用不同的方式来表达。

7.小结:课文写了三段话,你们用三句话就说明白了,真棒!现在会说的举手。相信同学们都会说了。

板块三:抓关键词,有感情朗读

1.指导朗读第二自然段

(1)现在我们知道了。原来小野猪的嘴巴就是挖树坑的锄头,小袋鼠的皮口袋就是运肥料的——箩筐,小象的长鼻子就是浇水的——木桶。看来课文写了什么,小朋友们都读懂了。那这段话,你能读好吗?【出示第二自然段】

(2)指名读,指导:

①谁来读?

②读好课文是有小秘诀的,每个句子里都有一些非常重要的词语,要读重音。这是一个问句(放大字体),读的时候要把表示疑问的词语读重音(点红"怎么办")听老师来读。请你跟着老师再读一读。(读好重音)哎呀,没有锄头,三个小伙伴特别着急。你能读出他们着急的心情吗? (读好心情)

③这句话该怎么读好呢? (放大第二句话)想想刚才的小秘诀。

它为什么说了两遍"不要紧",因为它真的觉得不要紧,自己有办法。所以第二个"不要紧"我们要读重音。(加红第二个"不要紧")再来读读这个"不要紧"。小野猪的嘴巴怎样的? 嘴巴大家都有,但是小野猪的嘴巴是——(引出"硬硬的")。我们也要重读"硬硬的"。你再来试试看。在大家没有办法的时候,小野猪想出办法,多么自豪呀! 你再读一读。我仿佛看到小野猪在拍自己的胸脯了。

④第三句话怎么读呢？听出来了，你把"拱"字读重音了。你能来做做这个动作吗？把你的手当作硬硬的嘴巴，怎么拱啊？（他也遇到了困难，哪个小伙伴来帮帮他）。"拱"，多有意思。请你再把这句话读一读。

⑤请你把这一段话连起来读给大家听，老师相信你一定能读好！

⑥其他的小朋友能不能像他读得这么好，自己先练一练，可以加上动作哦。谁来试试？

总结：小朋友们，重要的词语读重音，想象人物的心情，就能帮助我们读好课文。

2.学生练读第三、第五自然段

(1)过渡：课文的第三、第五自然段也是这样写的。接下来就请小朋友们自己按照刚才的方法，自己练一练，读好这两段话。【出示第三和第五自然段】

(2)谁愿意读第三自然段？其他小朋友认真听，待会儿请你做小老师评一评，他读得怎么样。

(3)第五自然段谁来读？越来越好了，沈老师觉得你读得比我好，你是我的小老师。

总结：三个小伙伴利用自己的特点解决了栽树时的三个困难，终于栽好小树啦！三个小伙伴手拉着手，围着小树又跳又笑。

注意这个标点符号，这是个感叹号！说明他们心里特别高兴。我们再来读一读。

遇到困难，能够一起动脑筋、想办法的伙伴，才是真正的好伙伴。你们有这样的伙伴吗？希望小朋友们都能找到自己的好伙伴。

板块四：写好"把、拉"两个生字

1.(出示：把、拉)小朋友，你们看，这两个字有什么共同点？

当学生只能说出提手旁、左窄右宽时，老师点拨：仔细看看，左边的提手旁比较——（可以比画一下手势，引导说出长），右边的字——短，是呀，像这样的字我们称为左长右短,左右两部分的起笔和收笔都不一样的,小朋友写的时候一定要注意!

2.下面伸出你的食指,跟着老师写。

把:横的起笔在横中线,顺着钩的方向起笔提。竖弯钩,竖要早点拐弯,弯要写得舒展。

拉:(写完提手旁说)点的起笔比竖钩起笔要低一点,下面同样是点低撇高,最后一横要舒展,

作业设计:

这个故事很有意思,小朋友们回去后可以试着讲给爸爸妈妈听,下节课,我们一起演一演这个故事。

板书设计:

三个小伙伴

小野猪　硬嘴巴　拱树坑

小袋鼠　皮口袋　运肥料

小象　　长鼻子　浇树坑

《小鹰学飞》教学设计

¤ 教学目标

1.复习生字词,读准轻声、后鼻音,会读词组。

2.读好重音把握人物语气,概括课文内容。

3.设置情境,让学生悟出课文表达的道理。

4.指导书写"旋、鼓",学习新偏旁"方字旁"。

✿ **教学过程**

板块一：读词组

1.亲爱的小朋友们，你们做好了上课的准备吗？

2.那我们开始上课吧！让我们来齐读课题。谁学飞啊？再读课题。小鹰在干什么呀？再读课题。（是啊，读题目时，重音放在不同的地方，侧重表达的意思也是不一样的。）

3.昨天，我们学习了生字词，看，你们还认识它们吗？

【出示：摇摇头　鼓起劲　喘着气

拼命　小鹰　头顶

高兴地喊　急促地喘着气】

(1)谁先来读一读第一行词语，你发现藏在里面的秘密了吗？指名说。（第二个字都是轻声。）

再指名读，齐读。

(2)谁愿意来读第二行词语，你又有什么发现吗？（第二个字都是后鼻音。）

再指名小老师领读。

(3)老师示范读第三行词语，声调平，询问学生这样读好不好听。（不好听，因为声调一样，没有变化。）

是的，所以读词组的时候要想想哪个词读的时候需要加重音。谁来读这两个词组？

你喘气吗？哈，当然，活的人都会喘气。急促地喘着气，是怎样的？谁来给大家示范一下。学生示范。什么时候你急促地喘过气啊？老师让你刚在操场跑完三圈，就让你背首诗，你行吗？（不行，断断续续了，上气不接下气了。）

(4)总结：理解词组的意思，把握了重音，就能把词组读得更好了。

板块二：读对话

1.朗读第一组对话

(1)这篇课文其实很简单，总共只有两个角色，一个是小鹰，一个是老鹰。课文写了他们之间的三次对话。读好对话,特别要读好人物的语言。我们先来读第一组对话。

(2)指名读。(同时出示)

(3)通过他的朗读我们知道:小鹰先飞到了哪里?(板书:大树上面)它的心情怎样?课文里是怎样说的?【出示:它高兴地喊起来"我已经会飞啦!"】

原本不会的本领,现在会了,原本没完成的,现在完成了,这就叫已经。你能不能也用"已经"说一句话。那你们说,读小鹰的这句话时,该把重音放在哪里?(已经)

(4)指名读,再创设情境:小鹰除了喊给老鹰听,它还会喊给它的哥哥听,谁来喊一喊?还会喊给爷爷听,谁再来喊一喊?

(5)那老鹰的话,老师来读。请你们用耳朵听,哪两个字老师加重音了?(不算)

为什么这两个字加重音?(想告诉小鹰,只飞到大树那么高,是不算会飞的。小鹰还没学会飞。)(板书:不算会飞)

(6)总结:读好重音,可以帮助我们读懂课文。

(7)请学生分角色朗读第一组对话。

2.朗读第二组对话

(1)老师来读旁白,请两个学生分别来读小鹰和老鹰说的话。通过他们的朗读,我们可以猜到小鹰飞到了哪里。(板书:大山上空)

(2)小鹰飞呀飞,飞到了大山的上空,它又有什么反应呢?(它又高兴地喊起来,我真的会飞啦!)

(3)小朋友,你知道这句话哪里该重读吗?(真的)指名2~3个学生读。

(4)那老鹰觉得小鹰会飞了吗?(没有,老鹰说飞得只比大山高,还不算会飞),那小朋友你知道老鹰的话哪些地方该重读吗?(还不算,"还"字说明老鹰已经是第二次认为小鹰不会飞了。)(板书:还不算会飞)

(5)是啊,飞得只比大山高,的确不算会飞。小朋友们,让我们拿起书本,一起来读读课文的第三、第四自然段。

3.朗读第三组对话

(1)小朋友们读得真棒,为了奖励你们,老师直接请三个小朋友分角色朗读第三组对话。读旁白的同学,在朗读时要注意"鼓起劲""拼命""飞呀"这些词语或短语。

(2)这次,小鹰是不是又高兴地喊起来了呢?指名说。【出示:小鹰急促地喘着气,对老鹰说:"现在……我总算……会飞了吧?"】

(3)谁来读一读小鹰的话,并请他说一说,哪些词语要重读?这里的省略号该怎么读?(急促、喘要重读。省略号要读出上气不接下气的感觉。)

(4)总结:此时的小鹰已经谦虚多了。

(5)面对谦虚的小鹰,老鹰没有告诉小鹰他不算会飞。那么小鹰学会飞了吗?你是怎么知道的?【出示:小鹰一抬头,只见白云上面还有几只鹰在盘旋呢!】

(板书:白云下面 不算会飞)

4.课文学完了,要求学生自己练习,分角色朗读课文。指名一组或者两组学生全文分角色朗读。

5.课文好像比较长,其实内容比较简单。谁能对照板书,用三句话,简单说一说课文内容。

板块三:悟道理

接下来,老师要给大家讲一个故事:课文里的小鹰欢欢慢慢地长大了,它成为一只强壮的鹰。有一天,它看到另一只小鹰也在练习飞翔,可是这只小鹰飞了一会儿就觉得自己会飞了,不愿意练习了。于是,小鹰欢欢想起了自己学飞的故事,教育了这只小鹰。欢欢会怎样教育这只小鹰呢?会告诉它什么呢?

(学习是没有尽头的,只有不断努力,才能飞得更高、学得更好)

(板书:学无止境)

板块四：写生字

小朋友们在这节课上的精彩表现给我留下了深刻的印象，下面我们来写一写"旋""鼓"吧！写字指导：

(1)请学生认真观察，说一说这两个字的结构。(都是左右结构)那它们有什么不同之处吗？指名回答("鼓"左右差不多大小，"旋"左窄右宽)。是啊，同样结构的字，其实也是有不同之处的，所以小朋友在写字时要仔细观察。

(2)老师范写，学生跟着书写。先教学"旋"，新偏旁"方"。后教学"鼓"，提醒学生"鼓"的右上边是"十"。

(3)学生试写，老师巡视指导，分别选出写得好的和稍微差点的字，进行投影点评。

作业设计：

晋级作业：

1.第一关：给"鼓、旋"各找三个朋友。

2.第二关：请小朋友把这个童话故事讲给你的好朋友听。

3.第三关：请小朋友为《小鹰学飞》增添新的故事结局。

板书设计：

小鹰学飞

小鹰　　　　　老鹰

大树上面　　　不算会飞

大山上空　还不算会飞　学无止境

白云下面　　　不算会飞

儿童诗《雨》教学实录

✡ **教学实录**

板块一：品味情感

师：读过儿童诗吗？读过关于雪的儿童诗吗？自己轻轻地把这首诗读两遍。

雪地里的小画家

下雪啦，下雪啦！
雪地里来了一群小画家。
小鸡画竹叶，小狗画梅花，
小鸭画枫叶，小马画月牙。
不用颜料不用笔，
几步就成一幅画。
青蛙为什么没参加？
他在洞里睡着啦。

师：谁来读。(指名三人读)

师：你读出了开心的感觉。

师：老师听到了惊喜呢。

师：我的眼前仿佛出现了一片雪地，雪地上有小画家。

师：雪地里的小画家都有谁？

生：小鸡、小狗、小鸭、小马。

师：小朋友真了不起，诗人把小画家藏起来了，可是，你们一听这三位小朋友的朗诵,就发现了小画家。

师:小鸡、小狗、小鸭、小马喜欢下雪吗?

生:喜欢。

师:青蛙喜欢下雪吗?

生:不喜欢。

师:这种喜欢、不喜欢就是情感,儿童诗里一定要有情感。(板书:情感)这种情感呀,诗里没有直接写,看来也是藏起来了呢!(板书:藏)

师:儿童诗既要有情感,也要学会藏哦!

板块二:创作小诗

1. 对雨的喜爱

师:你们喜欢下雪吗?

生:喜欢。

师:那么,下雨呢?喜欢吗?老师这有几张图片(出示:青蛙撑伞、蜗牛爬行、雨中的花、踩水的孩子图片),它们特别喜欢雨,你们知道为什么吗?

师:先来看第一幅图(青蛙撑伞),它为什么喜欢雨呢?

生1:它可以出来玩。

生2:雨天,它可以撑伞。

生3:它可以撑伞,然后转来转去。

师:是啊,图里的青蛙撑着漂亮的雨伞呢!那它为什么要撑伞呢?

生:它喜欢雨伞。

生4:它和我一样怕淋雨。

师:淋雨了会怎么样?

生:容易感冒。

师:啊,原来是怕感冒啊!你们的想象力真丰富。(板书:想象力)

师:有了想象,就能让儿童诗充满童趣。

师:下雨了,蜗牛也出来了,它撑伞了吗?

生：没有。

生5：撑伞了。

师：它的伞在哪里呀？

生5：它的壳就是伞！

师：哈哈，蜗牛的壳就是伞。你能连起来说一说吗？

生：下雨了，蜗牛出来了，它的壳就是伞，撑着伞去玩耍。

师：你说得真好，老师把你说的稍微改一下写在黑板上。其他小朋友可以跟着轻轻地读：

雨

小郑

下雨啦，下雨啦！

一只只小蜗牛，

撑着自己的小伞，

跟着妈妈去旅行。

师：一首儿童诗就这样诞生啦！我们一起来读两遍。

师：花儿会觉得雨像什么呢？

生1：妈妈的手轻轻抚摸着自己。

师：不够有想象力哦！我们一定要想别人想不到的，想别人不敢想的。

生2：雨像好喝的果汁。

师：哇，花儿张着嘴，大口大口地喝果汁，真有趣！

师：小孩子在雨里做什么呢？

生3：使劲踩水呢！

师：使劲儿踩水，摔一跤，也乐呵呵。

师：小朋友们，将情感藏在儿童诗里，借着大胆、合理的想象，就可以创作出有趣的儿童诗啦。拿出纸，把雨天带来的快乐写下来吧，只要写三五行哦！

师：好，老师请你们先放下手中的笔，一起来看看这些小朋友即兴写的诗。

师：这首诗每一行的字数有点多，老师帮他改了一改。请小诗人把老师改过的诗读给大家听好吗？

生1：

雨

雨是小精灵

调皮地落在

爸爸的车窗上

和我玩游戏呢

师：情感不需要直接写出来，请第二位小诗人也来读读自己的诗。

生2：

雨

雨啊雨

你们怎么都跑下来啦

是嫌小草弄脏了脸儿

特定给他们洗脸的吧

师：老师给第三位小诗人创作的诗加了最后一句，请小诗人自己来读读，会不会觉得更有趣了呢。

生3：

雨

雨是凉凉的

落在热热的身上

冰冰的 真舒服

好像在吃冰激凌呢

2. 对雨的讨厌

师：有时候，我们很喜欢雨，但有时候，我们可能又会讨厌雨。你们有这样的感受吗？

生1：下雨了，地面就会变得很脏。

生2：下雨了，不能上活动课呢！

生3：下雨了，如果忘记带雨伞，还会成为落汤鸡的。

生4：下雨了，妈妈就不准我出去玩，我只好待在家里啦！

生5：下雨了，如果淋湿了，会生病的。

师：你们说得都不错，老师把其中一位同学说的，改一改，也让它变成一首小诗哦。

下雨啦　下雨啦

一个个小朋友

趴在自己的窗前

被爱关在了家里

师：老师把两个小朋友创作的诗合在一起，就成了一首长长的诗。我们一起来读一读吧。

雨

小郑　小美

下雨啦　下雨啦

一只只小蜗牛

撑着自己的小伞

跟着妈妈去旅行

下雨啦　下雨啦

一个个小朋友

趴在自己的窗前

被爱关在了家里

师：老师真高兴，今天和小朋友一起创作了好多美丽的小诗。

师：写儿童诗一点都不难，首先要有感情：喜欢、不喜欢、气愤、伤心，等等。

但是这些感情不能直接说,要学会藏起来。其次要有合理、大胆的想象哦!

作业设计:

回家后,小朋友们可以自己再创作一首关于"雨"的诗,然后读给爸爸妈妈听。

板书设计:

雨

小郑　小美

下雨啦　下雨啦

一只只小蜗牛

撑着自己的小伞

跟着妈妈去旅行

下雨啦　下雨啦

一个个小朋友

趴在自己的窗前

被爱关在了家里

《美丽的丹顶鹤》教学实录

▫ 教学实录

板块一:说话练习

师:小朋友,上节课我们认识了一种美丽的动物,它叫什么呢?

生:丹顶鹤。

师:我们一起来读一读课题。

师:那谁能不看书,告诉老师,它为什么叫丹顶鹤?

生1：它的头顶好像嵌着一颗红宝石。

师：你说得真对，我们一起来读读这句话。

【出示：它的头顶就像嵌着一颗红宝石，鲜红鲜红的，怪不得人们都叫它丹顶鹤。】

师：你们觉得这句话的哪些地方能让你们感受到丹顶鹤特别美？为什么呀？

生2：它的头顶就像嵌着一颗红宝石。

师：就像什么，这是一个什么句子呢？

生2：比喻句。

师：把头顶的一块红色的肉瘤比作红宝石。喜欢红宝石吗？

生3：喜欢。

师：看，这块红宝石多美啊！（出示：红宝石图片）

师：把这块红色的肉瘤比作美丽的红宝石，丹顶鹤显得真美。

师：还从哪里可以感受到丹顶鹤很美呢？

生4：从"鲜红鲜红"这个词语。

师：为什么呢？

生4：从这个词语可以感受到它头顶的这块肉瘤很红，颜色很美。

师：是啊，只用红宝石形容它的红还不够，要用两个鲜红才能形容丹顶鹤头顶的肉瘤特别红。

师：如果丹顶鹤全身都是红的，你还觉得它美吗？

生4：啊，不美了，有点吓人。

师：对的，只有将鲜红鲜红的头顶、洁白的羽毛、黑色的脖子和翅膀边儿，搭配在一块，丹顶鹤才显得更美了。

师：谁能读出这句话的美？（指名两人读）

师：除了丹顶鹤，其实还有很多动物的名字，都和它的外形有关，看，这是白兔。（出示：白兔图片）

师：谁能学着这个句子,用上一个比喻句,一个类似"鲜红鲜红"的词语介绍一下白兔名字的由来呢?

(出示句式:＿＿＿＿＿＿,＿＿＿＿,怪不得人们＿＿＿＿。)

生1：它的身上就像穿了一件白衣服,雪白雪白的,怪不得人们叫它小白兔。

师：说得真好,用了"穿"这个动词,用了一个比喻句以及"雪白雪白"这个词语。

师：除了用动词"穿",还可以用什么动词呢?除了比喻成白衣服还可以怎么形容?

生2：它的身上就像落满了雪花,雪白雪白的,怪不得人们叫它小白兔。

生3：它的身上披了一件白色的袄子,雪白雪白的,怪不得人们叫它小白兔。

师：同学们都说得不错。老师这还有几个小动物的图片,请你们选择其中的一个小动物,用同样的句式再来说一说。(出示：黑熊、长颈鹿、金丝猴、青蛙的图片)

生4：它的身上就像穿了一件黑毛衣,乌黑乌黑的,怪不得人们叫它黑熊。

生5：它的脖子就像一根细细的吸管,细长细长的,怪不得人们叫它长颈鹿。

生6：它的长毛就像一根根的金丝,金黄金黄的,怪不得人们叫它金丝猴。

生7：它的身上就像披了一件绿衣裳,碧绿碧绿的,怪不得人们叫它青蛙。

师：课文中丹顶鹤还有一个名字,叫什么?

生：仙鹤。

师：谁能不看书告诉我们,它为什么叫仙鹤?

生1：传说它是神仙的旅伴。

师：我们一起来读一读这个句子:传说丹顶鹤是神仙的旅伴,所以人们又叫它仙鹤。

师：那"仙鹤"这个名字是不是跟它的外形有关啊?

生：不是的。

师：那是因为什么呢?

生：因为一个传说。

师：看，老师这也有关于阿波罗蝶的传说，传说它曾出现在太阳神阿波罗住的地方，所以人们叫它阿波罗蝶。

师：学到这啊，我们知道要说明白事物的名字由来，可以根据它的外形，可以引用传说，当然还有许多别的方式。表达的时候可以用"＿＿＿＿，＿＿＿＿，怪不得人们叫它＿＿＿＿"的句式，也可以用"＿＿＿＿，所以人们叫它＿＿＿＿"的句式。

师：老师这有啄木鸟、向日葵、含羞草的图片，请你们选择一幅图片，用一句话介绍它名字的由来。别忘了我们刚学的两种句式哦！同桌间可以先互相说一说。

师：谁先来说？

生1：它总是向着太阳生长，怪不得人们叫它向日葵。

师：说得很好，还可以用哪个句式呢？

生2：它总是跟着太阳转，所以人们叫它向日葵。

师：那么啄木鸟呢？谁来介绍下。

生3：它用尖嘴啄树木，想吃掉里面的害虫，怪不得人们叫它啄木鸟。

生4：它用尖嘴啄树木，吃掉树里的害虫，所以人们又叫它森林卫士。

师：含羞草呢？

生5：它的叶子只要被人一碰，就会合起来，像一个害羞的小姑娘，怪不得人们叫它含羞草。

生6：它的叶子一被人碰，就会合起来，像是特别害羞，所以人们叫它含羞草。

师：看来小朋友们都掌握得不错哦！

板块二：写话练习

师：我国的黄海之滨是丹顶鹤的第二故乡。你瞧，这就是生活在黄海之滨的丹顶鹤们，请你们看看，它们生活得快乐吗？（出示：黄海之滨的丹顶鹤图片）

生：很快乐。

师：请你们猜一猜，它们为什么能生活得那么快乐呢？

生1：它们喜欢这里。

师：原来是喜欢啊，冬天快要到的时候，为什么它们要从遥远的北方飞到黄海之滨过冬呢？

生2：对于丹顶鹤来说，这里的冬天比北方温暖。

师：它们吃什么呢？这里有吗？

生3：这里有它们爱吃的食物，比如：植物的根、软体动物、鱼类，等等。

师：它们在这里安全吗？

生4：很安全，这里的人们都不会捕杀丹顶鹤，都会保护它们。

师：它们会孤单吗？

生4：不孤单，课文中写到，它们是带着自己的儿女三五成群地在这里生活。

师：没有一点忧愁和顾虑，生活得幸福快乐，这就叫无忧无虑！黄海之滨是丹顶鹤的第二故乡，是它们生活的幸福家园。

师：它们的生活也是无忧无虑的，看这几幅图。（出示：熊猫在竹林里玩，鱼儿在水里游，羊在草原上走的图片）

师：请小朋友选择一幅图，用无忧无虑写一句话。

师：我们来交流一下你们写的哦！

生1：熊猫在竹林里无忧无虑地吃竹子。

生2：鱼儿在河里游来游去，过着无忧无虑的生活。

生3：山羊无忧无虑地在草地上吃草。

生4：熊猫在竹林里过着无忧无虑的生活。

生5：鱼儿无忧无虑地在池塘里生活着。

师：通过你们的交流，老师知道你们已经了解了什么是无忧无虑！

板块三：推荐书籍

师：今天啊，老师给你们带来了一本特别好看的书，看，这是封面，这本书就叫《十万个为什么》，里面都是介绍小动物的，其中有一个问题就是：迁徙的候鸟为什么不会迷路？你们想知道答案吗？

生：想！

师：那就请小朋友自己回家认真读一读这本书吧！

作业设计：

认真读一读《十万个为什么》，了解更多关于小动物的知识。

板书设计：

美丽的丹顶鹤

无忧无虑

"并列式构段方式"教学设计(一磨)

¤ 教学目标

1.认识并列式构段方式，辨别并列式构段方式。

2.明确并列式构段的段落，其句子间是并列的关系。

¤ 教学过程

板块一：初识并列式构段方式

1.同学们，这节课我们来学习如何让作文言之有序。我们先来看看三年级学过的《北大荒的秋天》这篇课文里的一个段落。

【出示：原野热闹非凡。成片的大豆摇动着豆荚，发出了哗啦啦的笑声；挺拔的高粱扬起黑红黑红的脸庞，像是在乐呵呵地演唱；山坡上，大路边，村子口，榛树叶子全都红了，红得像一团团火，把人们的心也给燃烧起来了。】

大声朗读这个段落，边读边思考这个段落的第一句话和后面的句子是什么关系？

(它们是总分的关系。第一句是总写原野的热闹非凡，之后从大豆、高粱、榛树叶子三个角度分述原野特别的热闹。)

2.这种总分关系在构段方式上可以称为"总分式",这是我们之前学过的。但要想让总分式的段落变得有条理,我们不仅要写好代表总述的中心句,更要关注分述句。让我们再来仔细读读这段话中的分述句。

【出示:成片的大豆摇动着豆荚,发出了哗啦啦的笑声;挺拔的高粱扬起黑红黑红的脸庞,像是在乐呵呵地演唱;山坡上,大路边,村子口,榛树叶子全都红了,红得像一团团火,把人们的心也给燃烧起来了。】

3.通过再一次的品读,你们发现大豆、高粱、榛树叶子之间有什么关系?

(它们都是原野上的一种事物,都使原野变得热闹非凡,它们之间的关系就像你和你的亲妹妹一样,在妈妈面前是平等的。因而我们可以说大豆、高粱、榛树叶子是并列关系。)

【出示:原野热闹非凡。成片的大豆摇动着豆荚,发出了哗啦啦的笑声;挺拔的高粱扬起黑红黑红的脸庞,像是在乐呵呵地演唱;山坡上,大路边,村子口,榛树叶子全都红了,红得像一团团火,把人们的心也给燃烧起来了。】

所以这段话,不仅有总分式的构段方式,也有并列式的构段方式。这节课沈老师就和同学们一起重点学习并列式构段方式。

板块二:再识并列式构段方式

1.我们再来看一个段落。

【出示:春姑娘来了,大地变绿了,成了虫儿们的天堂;河水胖起来了,喘着粗气跑向大海;麻雀穿梭在树林中在玩着什么游戏;屋角的花猫正在暖阳中眯着眼呢……】

同学们,自己轻轻地读一读这段话,读完后和同桌讨论,这段话主要告诉你什么消息呢?这个消息是通过哪些事物的变化传达给你的?

(你们说得真对,这段话主要写春姑娘来了。春姑娘来了,这个让人开心的消息是大地、河水、麻雀、花猫告诉我们的。大地变绿了,河水胖起来了,麻雀在树林里玩游戏,花猫在晒太阳。)

2.这一切美好的变化都在告诉我们春姑娘已经来了,他们都能平等地传递

消息,因而他们也是什么关系呢?(对了,是并列关系。)那这段话可以说是什么构段方式呢?(并列式构段方式)

3.春姑娘刚走,夏姑娘就来了。

【出示:夏天,树木长得郁郁葱葱,密密层层的枝叶把森林封得严严实实,挡住了人们的视线,遮住了蓝蓝的天空。早晨,雾从山谷里升起来,整个森林浸在乳白色的浓雾里。太阳出来了,千万缕金光像利剑一样,穿过树梢,照射在工人宿舍门前的草地上。草地上盛开着各种各样的野花,红的、白的、黄的、紫的,真像个美丽的大花坛。】

同学们默读这段话,思考这段话是怎样的构段方式? 为什么说是这种构段方式?

(你们真会思考,这段话也是并列式构段方式。因为这里的四句话分别写了树木、晨雾、太阳、野花,它们都是围绕小兴安岭的夏天美丽的景色来写的,句与句之间的关系是并列的。)

板块三:辨识并列式构段方式

1.通过刚才的学习,同学们应该对并列式构段方式有了一定的了解。那能不能帮老师一个忙?沈老师在阅读的时候遇到了这几段话,我一时无法分辨哪段话运用了并列式构段方式。你们能四人一小组以合作的方式帮沈老师解决这个问题吗? 现在开始吧!

【出示:

妈妈是养花的工人,可她对富贵的君子兰、花香袭人的巴兰都不感兴趣,唯独爱文竹。所以在我家的窗台上、写字台上都摆着文竹。

送牛奶的同志进门就夸"好香",这使我们全家都感到骄傲。赶到昙花开放的时候,约几位朋友来看看,更有秉烛夜游的味道——昙花总在夜里开放。花分根了,一棵分为几棵,就赠给朋友们一些。看着友人拿走自己的劳动果实,心里自然特别欢喜。

大船造好了,在海上航行了几年,没出什么事故。可是后来,蛀虫越来越多,

船舷和船舱的木板上,都出现了许多小窟窿。】

2.要分辨段落是不是并列式构段方式,要看每个句子之间的关系,沈老师知道同学们通过小组合作式学习,一定有了自己的看法。我们来交流下。

3.经过刚才激烈的讨论,我们发现第一个段落中句子之间的关系是因果关系,第三个段落中的句子之间的关系是转折关系,只有第二个段落中的句子之间的关系是我们今天说的并列关系,那么采用了并列式构段方式的段落就是第二个段落了。

板块四:试写并列式构段方式

1.同学们,今天这节课我们重点学习并且讨论了并列式构段方式,沈老师这有一段没有写完的文字,我们一起来看一下。

【出示:老爷爷看花,一面看一面自言自语,嘴里低吟着咏花的古诗。老奶奶看花,拄着拐杖,牵着孙子,有的还很珍惜地摘下一朵,簪在自己的发髻上。_____。】

这段话是描述不同人看花时不同的情景,文中提到了老爷爷、老奶奶分别是怎么看花、赏花的,请你再描述一下两种不同人物赏花时的情景,注意使各个句子间呈现并列的关系。

2.我们来简单交流下。同学们都写得不错,沈老师也写了,请大家评一评写得如何。

【出示:老爷爷看花,一面看一面自言自语,嘴里低吟着咏花的古诗。老奶奶看花,拄着拐杖,牵着孙子,有的还很珍惜地摘下一朵,簪在自己的发髻上。青年们穿得整整齐齐,干干净净,好像参加什么盛会,不少人已经穿上雪白的衬衣,有的甚至穿上绸料做的衣服。小学生们系着红领巾,叫啊,跳啊,被这一望无际的海棠花惊呆了。】

3.通过刚才的学习,老师相信同学们应该对并列式构段方式有了更深刻的认识。那么课后请围绕"课间热闹非凡"写一段话,记住句子间要呈现并列关系,让文章言之有序哦。

"并列式构段方式"教学设计(二磨)

¤ **教学目标**

1. 初步认识并列式构段方式。
2. 明确并列式构段的句子间是并列的关系。

¤ **教学过程**

板块一：识一识

1. 同学们，这节课我们学习并列式构段方式。我们先来看一个句子。

【出示：大地变绿了，成了虫儿们的天堂；河水胖起来了，喘着粗气跑向大海；麻雀穿梭在树林中在玩着什么游戏……】

读完这段话，你们觉得它主要告诉你一个什么消息呢？这个消息是通过哪些事物的变化传达给你的呢？

（这段话主要写春姑娘来了。春姑娘来了，这个让人开心的消息是大地、河水、麻雀告诉我们的。大地变绿了，河水胖起来了，麻雀在树林里玩游戏。）

2. 这些美好的变化都在告诉我们春姑娘来了，像这样把这些变化一前一后排列起来，而且句子与句子之间的关系是并列关系，这样的段落我们就称它为并列式结构的段落。

板块二：辨一辨

1. 通过刚才的学习，同学们应该对并列式构段方式有了一定的了解。沈老师在批改一些同学的作文时遇到了困难，一时无法分辨下列哪段话运用了并列式的构段方式。你们能帮帮我吗？

【出示：

我的弟弟特别淘气，总是在我写作业的时候打扰我，还经常乱拿我的东西，所以我真的有点不喜欢他。

她是我一年级时的同班同学,起初总会在我遇到困难时帮助我。可是后来,不知怎么了,她不再理我。

我的妈妈有时候有点温柔,像是不小心落入凡间的仙女;我的妈妈有时候有点迷糊,像三岁的孩子记不住东西;我的妈妈有时候有点可爱,像动画片里的猪妈妈。】

2.要分辨这些段落是不是并列式构段方式,要看段落中每个句子之间的关系。沈老师知道同学们经过思考一定有了自己的看法。

(第一个段落中的句子之间的关系是因果关系,"弟弟淘气,所以我真的有点不喜欢他",第二个段落中的句子之间的关系是转折关系,"起初她总会帮助我,可后来却不再理我";只有第三个段落是从有点温柔、有点迷糊、有点可爱这三个方面来介绍自己的妈妈,表达对妈妈的喜爱。那么采用了并列式构段方式的就是第三个段落了。)

板块三:改一改

1.沈老师所带的班级里有一位同学,他在一篇作文中写了这样一段话:

【出示:刮着冷风的冬天,孩子们都躲在了厚厚的棉服里;飘着雪花的冬天,孩子们都尽情地在雪地里撒欢;飘着雪花的冬天,许多小动物都舒舒服服地冬眠了。】

2.同学们,你们觉得怎样改一改,能使这段话变成并列式结构呢?

(我们可以把第一句话改成:飘着雪花的冬天,庄稼都盖上了白白的被子。这样,这三个句子都是以"飘着雪花的冬天"开头的,分别从庄稼、孩子们、小动物三方面描写下雪天的情景。)

【出示:飘着雪花的冬天,庄稼都盖上了白白的被子;飘着雪花的冬天,孩子们都尽情地在雪地里撒欢;飘着雪花的冬天,许多小动物都舒舒服服地冬眠了。】

板块四：练一练

1.同学们，沈老师这还有一位同学写的一个段落，老师先给你们看前两句。

【出示：老爷爷看花，一面看一面自言自语，嘴里低吟着咏花的古诗。老奶奶看花，拄着拐杖，牵着孙子，有的还很珍惜地摸一摸。

_____

_____

_____

_____。】

2.这段话是描述不同人看花时不同的情景，文中提到了老爷爷、老奶奶分别是怎么看花、赏花的，你觉得后面该怎么写呢？

3.老师相信同学们都能写得很好。这位同学写的完整段落是这样的：

【出示：老爷爷看花，一面看一面自言自语，嘴里低吟着咏花的古诗。老奶奶看花，拄着拐杖，牵着孙子，有的还很珍惜地摸一摸。爱美的小姑娘，藏在花海里，用镜头记录下美丽的画面。调皮的小孩子在花与花间奔跑嬉戏。】

他从老爷爷、老奶奶、爱美的小姑娘、调皮的小孩子四个方面描述了人们赏花时的情景，可以让我们感受到人们对花的喜爱。

4.通过刚才的学习，同学们应该对并列式构段方式有了更深刻的认识。其实，并列式结构就是一段话中句子和句子间是并列的关系，他们共同描述某一场景，表达某一情感。

5.好了，今天这节课我们就上到这里，希望同学们在以后的写作中能够巧用这种构段方式。

"并列式构段方式"教学设计(三磨)

¤ **教学目标**

1.了解并掌握并列式构段方式。

2.明确句子间是并列的关系,存在内在顺序。

¤ **教学过程**

板块一:识一识

1.同学们,还记得我们三年级学习的课文《荷花》吗?课文中写道:

【出示:有的才展开两三片花瓣儿。有的花瓣儿全都展开了,露出嫩黄色的小莲蓬。有的还是花骨朵儿,看起来饱胀得马上要破裂似的。】

听完,有没有回忆起这段话描写了什么呢?(描写了池中的白荷花不同的姿态。)有怎样不同的姿态?(有的白荷花才展开两三片花瓣儿,有的全展开了,有的还是花骨朵儿。)

2.不管是哪一种姿态,都是在描写白荷花的美。这些句子与句子之间是并列的关系,这样的句子构成的段落我们称之为并列式结构的段落。

3.那么这些句子的顺序可以交换吗?

(不能,这些句子虽然是并列的,但是有内在的顺序。除了句子由短变长,我们还会发现,首先,简单描述:有的才展开两三片花瓣儿;然后,抓住"嫩"和"小"描写花瓣全部展开时的可爱姿态;最后,用一个拟人句写那仿佛马上要破裂的花骨朵儿。作者的喜爱之情可以说是逐渐增强的。)

就像这几只可爱的小兔子,如果它们随意站立,就会给人乱哄哄的感觉。但如果它们由小到大、由矮到高地排队,则会让人觉得是一群有秩序的小家伙,给人舒服的感觉。

我们写并列式结构的段落也是一样的,不仅要关注句子与句子间的并列关系,也要注意其内在的顺序。

板块二:辨一辨

1.通过刚才的学习,同学们应该对并列式构段方式有了一定的了解。沈老师在批改一些同学的作文时遇到了困难,一时无法分辨这些段落是否运用了并列式的构段方式。你们能帮帮我吗?

【出示:

我的妈妈有时候有点迷糊,在我生病时会重复给我吃药,像那七旬老太。我的妈妈有时候有点可爱,在我获得成功时会在我脸上亲个不停,像动画片里的猪妈妈。我的妈妈有时候有点温柔,在我犯错误时会轻轻抱着我,耐心教导我,像那不小心落入凡间的仙女。

老爷爷看花,一面看一面自言自语,嘴里低吟着咏花的古诗;老奶奶看花,拄着拐杖,牵着孙子,有的还很珍惜地摸一摸;爱美的小姑娘,藏在花海里,用镜头记录下美丽的画面;调皮的小孩子在花与花间奔跑嬉戏,像是一个个生命在跳跃。

我的弟弟特别淘气,总爱在我写作业的时候,偷偷溜进我的房间,让我陪他玩游戏。但是我还是很喜欢他,因为他很善良,会主动照顾无家可归的小动物,不仅给它们喂食物,还陪它们聊天。】

2.要分辨是不是并列式构段方式,要看每个句子之间的关系,沈老师知道同学们经过思考一定有了自己的看法。

(第一段落和第二个段落的结构都是并列式结构。并列式结构的句子之间可以用句号断开,也可以用分号断开。)

板块三:改一改

1.那么,第三个段落我们怎么改一改,就可以把它也变成并列式的结构?我们发现第三个段落主要表达的是对弟弟的喜爱,所以我们班的一个同学是这样改的:

【出示:我的弟弟很善良,看到无家可归的小动物,就会主动提出收养它们,不仅给它们喂食物,还陪它们聊天。我的弟弟很好学,看到我背诵古诗,就会跟在我屁股后面学着我摇头晃脑的样子,活脱脱一个小学生。我的弟弟很勤快,看到妈妈打扫卫生,就会赶紧拿起一块抹布,这里抹抹,那里抹抹,非擦得桌子上一点儿脏东西都没有,那干活的劲儿让我不得不为他点赞。】

2.总结:写一个事物,或者一个人,我们先要思考它有什么特点,再将这些特点分别描述成一句句话,把这些句子组合起来就是并列式结构的段落了,当然如果能够注意到内在的顺序就更好了。

板块四:练一练

1.同学们,沈老师还给你们带来了一幅非常漂亮的图【出示:图片】,我们来看看图上都有什么?

(图上有蓝蓝的天空、大风车、房子、高大的树、粉红的花。)

2.你们能写一个并列式结构的段落来描述这幅美丽的图吗?

3.沈老师相信你们都能写得很好,我们班的一位同学是这样写的:

【出示:湛蓝湛蓝的天空中镶嵌着几朵白云,乍一看,还以为是海面上飘着几艘帆船。可爱的风车随着风精灵转啊转啊,把我转回到了咿呀学语的快乐童年。与风车隔河相望的是一棵高高的树,它笔直地站在河岸边,像在守护着什么,尽管它的叶子已经由绿转黄。树的前面是一片粉红的花海,这些花让整个田野都显得格外娇美。】

4.这位同学写得特别好,不仅从"蓝天、风车、树、花"这四个具有代表性的景物来描写田野的美,使得句子与句子间是并列的关系。而且他的描写是有顺序的,这种顺序可以说是由远及近,由高到低。

5.通过刚才的学习,同学们应该对并列式的构段方式有了更深刻的认识。其实,并列式结构就是一段话中句子和句子间的关系是并列关系,他们的地位是平等的。他们共同描述某一场景,表达某一情感,但是句子与句子间可能还是有一定的内在顺序。

6.今天这节课我们就上到这里,希望同学们在以后的写作中能够巧用这种构段方式。

《父爱之舟》教学设计(一磨)

¤ 教学目标

1. 寻找三条线索,初步体会衬托的写法。
2. 关注细节中的矛盾,再次体会衬托的写法。
3. 借助衬托的写法,尝试片段练习。

¤ 教学过程

板块一:寻找三条线索

1. 同学们,这节课我们接着学习《父爱之舟》,一起读课题。

2. 在这篇课文中,作者描述了梦中出现的多个场景,我们一起来读一读在这些场景中父亲为"我"做的事情。

【出示:

父亲卖了茧子,给我买枇杷吃。

父亲欲加钱给我换房间。

父亲陪我逛庙会,给我买热豆腐脑。

父亲为我糊万花筒。

父亲在雨雪天背我上学。

父亲筹学费送我上学。

父亲划船送我报考无锡师范。

父亲划船送我入学并替我缝补棉被。】

3. 父亲为我做的这些事情是一件事,还是独立的八件事?

4. 这独立的八件事之间贯穿着哪一条明显的线索?

(父亲给"我",父亲陪"我",父亲送"我"……我们可以知道这八件事之间有着一条父爱线。)(板书:父亲对"我"的爱)

5.请同学们默读全文,用横线画出代表父爱的句子。

【出示:

父亲在半夜起来给蚕宝宝添桑叶,卖了茧子,父亲便给我买枇杷吃。

父亲心疼极了,叫来茶房,掀开席子让他看满床乱爬的臭虫和我身上的疙瘩。茶房说没办法,要么加点钱换个较好的房间。父亲动心了,他平时节省到极点,自己是一分冤枉钱也不肯花的。

吃完粽子,父亲觉得我太委屈了,领我到小摊上吃了碗热豆腐脑,我叫他也吃,他就是不吃。

父亲很理解我那恋恋不舍的心思,回家后他用几片玻璃和彩色纸屑等糊了一个万花筒。

读初小的时候,遇上大雨大雪天,路滑难走,父亲便背着我上学。

家里粜稻、卖猪,每学期开学要凑一笔不少的钱。钱很紧,但家里愿意把钱都花在我身上。

时值暑天,为避免炎热,夜晚便开船,父亲和姑爹轮换摇橹,让我在小舱里睡觉。父亲不摇橹的时候,便抓紧时间为我缝补棉被。

……】

6.其实,在这些场景中还藏着别的线索,有同学发现了吗?我们来看一看这个场景。谁来读一读?

【出示:有一次,父亲同我住了一间最便宜的小客栈,半夜我被臭虫咬醒,身上都是被咬的大红疙瘩。父亲心疼极了,叫来茶房,掀开席子让他看满床乱爬的臭虫和我身上的疙瘩。茶房说没办法,要么加点儿钱换个较好的房间。父亲动心了,但我年纪虽小却早已深深体会到父亲挣钱的艰难。他平时节省到极点,自己是一分冤枉钱也不肯花的,我反正已被咬了半夜,只剩下后半夜,就不肯再加钱换房子。】

7.读得真响亮,在这个场景中除了父亲为了我做的事情,还写了什么?

(还写了我的行为,我内心的感受,也就是对父爱的回应。我们一起来读一读这个句子。)

【出示:我年纪虽小却早已深深体会到父亲挣钱的艰难,我反正已被咬了半夜,只剩下后半夜,就不肯再加钱换房子。】

8.沈老师想请同学们再次默读全文,用波浪线在其余场景中划出表示"我"回应父爱的句子。我们来交流一下吧。

【出示:

每年卖茧子的时候,我总跟在父亲身后。

我和父亲都饿了,我多馋啊!但不敢,也不忍心叫父亲买。我叫他也吃。

这便是我童年唯一的也是最珍贵的玩具了。万花筒里那千变万化的图案花样,是我最早的抽象美的启迪者吧。

父亲经常说要我念好书,最好将来到外面当个教员,所以我从来不缺课,不逃学。

我拿着凑来的钱去缴学费,感到十分心酸。父亲送我到学校,替我铺好床,他回家时,我偷偷哭了。这是我第一次真正心酸的哭,与在家里撒娇的哭、发脾气的哭、打架的哭都不大一样,是人生道路中品尝到的新滋味了。

但我也睡不好,因为确确实实已意识到考不取的严重性,自然更未能领略到满天星斗、小河里孤舟缓缓夜行的诗画意境。

我从舱里往外看,父亲那弯腰低头缝补的背影挡住了我的视线,这个船舱里的背影也就分外明显,永难磨灭了!我什么时候能够用自己手中的笔,把那只载着父爱的小船画出来就好了!】

9.所有这些"我"对父爱的回应,其实都在表达"我"对父亲的爱。这也是本文的另一条线索。(板书:"我"对父亲的爱)

10.除了这两条线索外,还有没有别的线索?我们再来看这个场景。

【出示:有一次,父亲同我住了一间最便宜的小客栈,半夜我被臭虫咬醒,身上都是被咬的大红疙瘩。父亲心疼极了,叫来茶房,掀开席子让他看满床乱爬的臭虫和我身上的疙瘩。茶房说没办法,要么加点儿钱换个较好的房间。父亲动心了,但我年纪虽小却早已深深体会到父亲挣钱的艰难。他平时节省到极点,自己是一分冤枉钱也不肯花的,我反正已被咬了半夜,只剩下后半夜,就不肯再加钱换房子。】

这句话告诉我们当时他们住的是——最便宜的小客栈。我们可以猜测出他们的家境怎么样?(十分贫苦)

11.接下来,请同学们快速浏览全文,用双横线划出表示作者当时家境贫寒的句子。我们来交流下吧。

【出示:

父亲和母亲在半夜起来给蚕宝宝添桑叶。

父亲送我离开家乡去报考学校和上学,总是要借用姑爹那只小渔船。带了米在船上做饭,晚上就睡在船上,这样可以节省饭钱和旅店钱。

父亲从家里带了粽子,找个偏僻的地方,父子俩坐下吃凉粽子。

卖玩意儿的也不少,彩色的纸风车、布老虎、泥人、竹制的花蛇……不可能花钱买玩意儿。

他扎紧裤脚,穿一双深筒钉鞋,将棉袍的下半截撩起扎在腰里,腰里那条极长的粉绿色丝绸汗巾可以围腰两三圈,那还是母亲出嫁时的陪嫁呢。

要住在鹅山当寄宿生,就要缴饭费、宿费、学杂费,书本费也贵了,于是家里桌稻、卖猪,每学期开学要凑一笔不少的钱,钱很紧。

……】

12.从这些地方我们可以知道文章的第三条线索是什么?(板书:家境的贫寒)

13.我们会发现这三条线索不是独立的,而是交织在每一个场景中的。文章的线索不止这三条,但我们可以从文章的题目中推测出,哪一条线索是最主要的呢?(父亲对"我"的爱)

那其余贯穿了全文的线索又有什么作用呢?(不论是写"我"对父亲的爱,还是家境的贫寒,都是为了衬托出父爱的伟大和深沉。)

板块二：关注细节中的矛盾

同学们，我们再来读读父亲做的这八件事。只读这几句话能打动你吗？文中有许多的细节描写，它们之间存在着一定的矛盾，我们要把它们关联起来。我们再来看看这段话。

【出示：有一次，父亲同我住了一间最便宜的小客栈，半夜我被臭虫咬醒，身上都是被咬的大红疙瘩。父亲心疼极了，叫来茶房，掀开席子让他看满床乱爬的臭虫和我身上的疙瘩。茶房说没办法，要么加点儿钱换个较好的房间。父亲动心了，但我年纪虽小却早已深深体会到父亲挣钱的艰难。他平时节省到极点，自己是一分冤枉钱也不肯花的，我反正已被咬了半夜，只剩下后半夜，就不肯再加钱换房子。】

沈老师发现这里的"父亲"有点矛盾。

(1)你有发现吗？

(他明明平时节省到极点，自己是一分冤枉钱也不肯花的，但是当看到我身上被臭虫咬的大红疙瘩，当茶房说没有别的办法，只能加钱换个较好的房间时，他却动心了，想加钱为我换房间了。)

(2)"他平时节省到极点，自己是一分冤枉钱也不肯花的"是矛盾的一方，"动心了，欲为我换房"是矛盾的另一方。矛盾的一方是为了衬托矛盾的另一方的。你们觉得在这个矛盾中是什么衬托什么？

(写父亲平时节省到极点，自己一分冤枉钱也不肯花是为了衬托出他之后的动心和想为我换房间。)

(3)这个场景中的"我"矛盾吗？

(矛盾，半夜被臭虫咬醒，身上被咬的都是大红疙瘩，但是却不肯加钱换房间。)

这些矛盾的细节里都藏着父子之情，你们能在其他场景中找一找吗？我们来交流一下。同学们，你们看，文章里有这么多矛盾的细节描写，我们一起深情地读一读。

【出示:

　　他明明平时节省到极点,自己是一分冤枉钱也不肯花的,但是当看到我身上被臭虫咬的大红疙瘩,当茶房说没有别的办法,只能加钱换个较好的房间时,他却动心了,想加钱为我换房间了。

　　我半夜被臭虫咬醒,身上被咬的都是大红疙瘩。但是却不肯加钱换房间。

　　我很馋,但不敢,也不忍心叫父亲买。

　　父亲用几片玻璃和彩色纸屑等糊了一个万花筒,却是我童年唯一的也是最珍贵的玩具了。

　　钱很紧,但家里愿意把钱都花在我身上。

　　父亲和姑爹在夜里轮换摇橹,让我在小舱里睡觉。但我睡不好,也不能领略到满天星斗、小河里孤舟缓缓夜行的诗画意境。

　　姑爹小船上盖的只是破旧的篷,远比不上绍兴的乌篷船精致。但姑爹的小渔船仍然是那么亲切,那么难忘。】

　　矛盾的一方能衬托另一方,能使我们想要表达的情感更突出。我们在进行细节描写的时候也可以运用矛盾的写法。

板块三:巧借矛盾进行练笔

1.同学们,作者所回忆的都是生活中特殊的事情,还是平凡的小事呢?

(是的,都是平凡的小事,但因为有了父爱的浸润,这些平凡的事情都变得不寻常了。)

2.作者用质朴的语言,描述了父亲为他做的事情,以及他对这些事情的回应,衬托出父爱的伟大和深沉。

3.请同学们回忆与父亲相处时的一件平凡的小事,选取看似矛盾的内容,运用衬托的写法,将父爱藏在一个片段中表达出来。

4.交流讨论。

点评:没有直接写父亲有多么爱你,但字字都让人感受到了父亲对你的爱。

点评:将父亲为你做的事情,与你的回应交融在一起,学会了衬托的写法。

点评：用看似矛盾的内容，巧妙地写出了父亲那深沉的关爱，令人动容。

5.总结：愿同学们都能在生活中感受到属于自己的那份父爱，也能用最合适的方式去表达出这份人间的挚情。

作业设计：

将自己所写的片段进行修改，并读给父亲听。

板书设计：

父爱之舟

父亲对"我"的爱

↑

衬托

"我"对父亲的爱　　家境的贫寒

《父爱之舟》教学设计(二磨)

¤ **教学目标**

1.能通过批注情感，初步体会父爱。

2.能结合贫寒家境，深入体会父爱。

3.能巧借文中对比，感悟作者的情感。

4.能聚焦文章课题，体会文中的深情。

¤ **教学过程**

板块一：批注情感，初品父爱

1.同学们，这节课我们接着学习《父爱之舟》，一起读课题。

2.在这篇课文中，作者描述了梦中出现的多个场景，哪位同学能通过回忆，用小标题的形式说一说在这些场景中父亲为他做了什么。

(板书：忆事　买枇杷　欲换房　陪逛庙会　糊万花筒　背我上学　筹集

学费　送我报考　送我入学)

3.作者写了这么多的场景,看似在写事其实是在写人,写的是谁呢?(父亲)(板书:写人)

4.从这一个个场景中,你们都能感受到父亲对儿子的什么?(爱)是啊,这是一种父爱,然而爱有很多种表现形式,比如尊重。接下来沈老师想请你们再认真地通读全文,首先划出文中代表父爱的关键句子,然后用一两个关键词批注出你对这份父爱的理解。

5.沈老师发现很多同学已经找到了关键句子,也写下了自己的感受,那么我们来交流一下。

【出示:

父亲在半夜起来给蚕宝宝添桑叶,卖了茧子,便给我买枇杷吃。(疼爱)

父亲心疼极了,叫来茶房,掀开席子让他看满床乱爬的臭虫和我身上的疙瘩。父亲动心了,他平时节省到极点,自己是一分冤枉钱也不肯花的。(心疼)

吃完粽子,父亲觉得我太委屈了,领我到小摊上吃了碗热豆腐脑,我叫他也吃,他就是不吃。(疼爱)

父亲很理解我那恋恋不舍的心思,回家后他用几片玻璃和彩色纸屑等糊了一个万花筒。(理解)

父亲经常说要我念好书,最好将来到外面当个教员。读初小的时候,遇上大雨大雪天,路滑难走,父亲便背着我上学。(期望、呵护)

家里粜稻、卖猪,每学期开学要凑一笔不少的钱,钱很紧,但家里愿意把钱都花在我身上。(重视)

时值暑天,为避免炎热,夜晚便开船,父亲和姑爹轮换摇橹,让我在小舱里睡觉。父亲不摇橹的时候,便抓紧时间为我缝补棉被。(照顾)

只是我们的船不敢停到无锡师范附近,怕被别的考生及家长见了嘲笑。(保护)】

边交流边请同学把感受到的不同父爱板书在黑板上,其余同学写在九宫格里。(学生板书:疼爱 理解 期望 呵护 重视 照顾 保护……)

6.是啊,父爱有那么多不同的表现形式。同学们,作者梦里回忆的都是生活中特殊的事情,还是平凡的小事呢?

(是的,都是平凡的小事,普通的场景,但因为有了父亲的"疼爱、理解、期望、呵护、重视、照顾、保护……"这一切就不再平凡、不再普通。)

板块二:联系贫寒,深品父爱

1.这藏着父爱的八件事,能打乱顺序吗?

(不能,"跟在父亲身后",给人一种幼童的感觉;住客栈的经历中提到了"年纪虽小";逛庙会中提到了"童年";之后便是"读初小""考取鹅山高小""报考并考取无锡师范"。这不同的事情,不同的场景串联起了作者的成长经历。)

2.其中哪些场景又有着明显的共同之处?这共同之处是什么?

(后面的四个场景都与上学有关)

3.同学们,通过这篇课文,你们觉得作者当时的家境好吗?从哪些地方可以看出来?我们也简单地交流一下。

【父亲和母亲在半夜起来给蚕宝宝添桑叶。

父亲送我离开家乡去报考学校和上学,总是要借用姑爹那只小渔船。带了米在船上做饭,晚上就睡在船上,这样可以节省饭钱和旅店钱。

父亲从家里带了粽子,找个偏僻的地方,父子俩坐下吃凉粽子。

卖玩意儿的也不少,彩色的纸风车、布老虎、泥人、竹制的花蛇……不可能花钱买玩意儿。

他扎紧裤脚,穿一双深筒钉鞋,将棉袍的下半截撩起扎在腰里,腰里那条极长的粉绿色丝绸汗巾可以围腰两三圈,那还是母亲出嫁时的陪嫁呢。

要住在鹅山当寄宿生,就要缴饭费、宿费、学杂费,书本费也贵了,于是家里粜稻、卖猪,每学期开学要凑一笔不少的钱,钱很紧。

……】

4.既然家境如此的贫寒,那么父亲为何还要让作者去上学呢?(因为父亲是个穷书生,他深知贫穷的苦,也深知知识的力量,希望通过读书改变作者的命运。)

5.因而,(师指着板书中的"期望")这里的期望,沈老师觉得改为"厚望"更为贴切,"厚望"指"很大的期望",这是一份将会影响作者一生的父爱,一份深沉的父爱啊!

板块三：关注对比,体会作者情感

1.同学们,我们再来看这八个场景。如果只读这几个词语你们觉得能打动你们吗?

2.在这些场景中有许多看似冲突的对比描写,比如：父亲明明平时节省到了极点,却想为了作者加钱换房间。你们还能找出文中其他的对比吗?请你们快速默读课文,圈画出关键性的句子。

3.我们来简单交流一下。

【我半夜被臭虫咬醒,身上被咬的都是大红疙瘩。但是却不肯加钱换房间。

我很馋,但不敢,也不忍心叫父亲买。

热闹的庙会,有许多好吃的东西,但我和父亲却找了偏僻的地方吃凉粽子。

父亲用几片玻璃和彩色纸屑等糊了一个万花筒,却是我童年唯一的也是最珍贵的玩具了。

父亲是男的,却在腰里围了母亲陪嫁的粉绿色丝绸汗巾。

钱很紧,但家里愿意把钱都花在我身上。

这是我第一次真正心酸的哭,与在家里撒娇的哭、发脾气的哭、打架的哭都大不一样,是人生道路中品尝到的新滋味了。

姑爹小船上盖的只是破旧的篷,远比不上绍兴的乌篷船精致。但姑爹的小渔船仍然是那么亲切,那么难忘……我什么时候能够用自己手中的笔,把那只载着父爱的小船画出来就好了!】

4.在这些对比中,有两处对比最能打动人心。我们先来看看这一处。

(1)请同学们一起来读一读。将这种心酸的哭与以往各种哭做对比,突出了一种怎样的新滋味呢?

【出示:这是我第一次真正心酸的哭,与在家里撒娇的哭、发脾气的哭、打架的哭都大不一样,是人生道路中品尝到的新滋味了。】

(这种新滋味是复杂的,既有感动、自责,也有对父亲的心疼。)

(2)再来看这几个句子。我们一起读一读。

【出示:姑爹小船上盖的只是破旧的篷,远比不上绍兴的乌篷船精致。但姑爹的小渔船仍然是那么亲切,那么难忘……我什么时候能够用自己手中的笔,把那只载着父爱的小船画出来就好了!】

①这个句子里把什么和什么做了对比?你来说。

(是的,把姑爹破旧的小渔船与绍兴精致的乌篷船作对比)

②在作者的心里,哪种船让他觉得更亲切,更难忘?(姑爹破旧的小渔船)

③为什么作者会有这样的感受?(因为父亲总是借姑爹的小渔船送作者上学或者考学,可以说作者艰辛的求学之路、父亲的深爱都是与小渔船紧密联系在一起。)

④其实,在这几句话里还藏着一处对比。本文的作者——吴冠中先生,是著名画家,在海内外享有很高的声誉,但是他却说——(引出:我什么时候能够用自己手中的笔,把那只载着父爱的小船画出来就好了!)

为什么吴冠中先生会觉得自己画不出这只载有父爱的小船呢?

(因为这艘小渔船里,载着父亲对我的关爱,对我成才的厚望,对我一生的美好祝愿。船能画出来,但这份深情却是怎么也画不出来的。)

板块四:聚焦标题,升华文章情感

1.这是一篇回忆性散文,作者采用倒叙的手法,描写了一个个动人的场景。作者在描写的时候,已然感受到了——(指着板书说)(父亲对他的疼爱、理解、期

望、呵护、重视、照顾、保护)

2.当他写这篇散文的时候,父亲已经不在了,他给这篇文章起名为《父爱之舟》,有怎样的深意呢?

(①把父爱比作舟,将抽象的父爱具体化了,使情感的表达更加具体可感。②舟是作者求学路上的重要工具,父爱如舟,其实暗含父爱承载了作者的一生,对作者有着重要影响。③点明了父爱的伟大,也见证了我的成长。④表达作者对父亲的怀念,感激……)

(板书:抒情　怀念　感激……)

3.散文,常以感人的语言写平凡的事,而透过平凡的事,我们能看到藏在背后的人,以及作者想要抒发的情。

作业设计:

吴冠中还写了一篇文章——《我的母亲》,请认真读一读,并完成练习:(1)用小标题概括文中多个场景。(2)用关键词概括母亲的形象。(3)用几句话描述你体会到的作者所要表达的情感。

板书设计:

父爱之舟

忆事　买枇杷　欲换房　陪逛庙会　糊万花筒　背我上学　筹集学费　送我报考　送我入学

写人　疼爱　心疼　理解　期望　重视　照顾　保护

抒情　怀念　感激

《父爱之舟》教学设计(三磨)

✿ 教学目标

1. 能抓住父亲行动细节的句子，感受父亲形象的伟大。

2. 能抓住文中对比，体会父爱的深沉，理解"父爱之舟"的深意。

✿ 教学过程

板块一：关注细节，感受父亲形象

1. 同学们，这节课我们接着学习《父爱之舟》，一起读课题。

2. 这是一篇回忆性散文，回想一下，作者忆了哪几个场景？

(板书：忆事　买枇杷　欲换房　陪逛庙会　糊万花筒　背我上学　筹集学费　送我报考　送我入学)

3. 忆了这样八个场景，也就是八件事，看似忆事，实则写——人，写了——父亲。(板书：写人)

4. 从这一个个场景中，我们能感受到父亲对儿子的——(爱)。是啊，父爱有很多不同的表现，你沮丧时他一个鼓励的眼神是爱，你摔倒时他伸出的手臂是一种爱……

因而，沈老师想请你们打开书，认真读读这篇课文，找出描写父亲行动细节的句子，去感受这份父爱，然后将你的感受用一两个词语表达出来，并写在九宫格里。

5. 沈老师发现很多同学已经找到了隐藏着父爱的细节，也写下了自己的感受，那么我们来交流一下。

【出示：

父亲在半夜起来给蚕宝宝添桑叶，卖了茧子，便给我买枇杷吃。(疼爱)

父亲心疼极了，叫来茶房，掀开席子让他看满床乱爬的臭虫和我身上的疙瘩。父亲动心了，他平时节省到极点，自己是一分冤枉钱也不肯花的。(心疼)

吃完粽子,父亲觉得我太委屈了,领我到小摊上吃了碗热豆腐脑,我叫他也吃,他就是不吃。(疼爱)

父亲很理解我那恋恋不舍的心思,回家后他用几片玻璃和彩色纸屑等糊了一个万花筒。(理解)

父亲经常说要我念好书,最好将来到外面当个教员。读初小的时候,遇上大雨大雪天,路滑难走,父亲便背着我上学。(期望、呵护)

家里粜稻、卖猪,每学期开学要凑一笔不少的钱,钱很紧,但家里愿意把钱都花在我身上。(重视)

时值暑天,为避免炎热,夜晚便开船,父亲和姑爹轮换摇橹,让我在小舱里睡觉。父亲不摇橹的时候,便抓紧时间为我缝补棉被。(照顾)

只是我们的船不敢停到无锡师范附近,怕被别的考生及家长见了嘲笑。(保护)】

6.边交流边请同学把感受到的不同父爱板书在黑板上,其余同学在九宫格里修改。(学生板书:疼爱 理解 期望 呵护 重视 照顾 保护……)

7.是啊,当我们抓住细节描写,才能感受到父亲对作者的——(疼爱 理解 期望 呵护 重视 照顾 保护……),这些都是浓浓的父爱啊!

8.这些场景里,饱含深情的都是平凡的小事,并没有那么的轰轰烈烈,读这样的文字,可以轻轻柔柔,你们试着读读自己印象深刻的场景。

9.谁愿意用轻柔的声音读一读自己印象最深刻的一个场景。(指名两人)

10.读出了父爱的伟大。那么这藏着父爱的八件事,八个场景,能打乱顺序吗?

(不能,"跟在父亲身后",给人一种幼童的感觉;住客栈的经历中提到了"年纪虽小";逛庙会中提到了"童年";之后便是"读初小""考取鹅山高小""报考并考取无锡师范"。这不同的事情,不同的场景串联起了作者的成长经历。)

11.八个场景,哪几个有着共同之处?想一想,为什么八个场景里有四个都与"我"上学、考学有关?

(因为作者小时候家境贫寒,但父亲却坚持送他读书,求学路上常借用姑爹的小渔船,这些事情让作者更深刻地感受到了父爱;父亲是个穷书生,他深知贫穷的苦,也深知知识的力量,希望通过读书改变作者的命运。)

因而,(师指着板书中的"期望")这里的期望,沈老师觉得改为"厚望"更为贴切,"厚望"指"很大的期望",这是一份将会影响作者一生的父爱,一份深沉的父爱啊!

板块二:抓住对比,体会父爱深沉

1.场景中因为有了细节,父亲"疼爱、理解、期望、呵护、重视、照顾、保护……"作者的形象才更加鲜明。除了细节,这些场景中还藏着一个写作的秘密。谁愿意来读读这段描写庙会的场景?

【出示:我看各样彩排着的戏人边走边唱,看踩高跷走路,看虾兵、蚌精、牛头、马面……人山人海,卖小吃的挤得密密层层,各式各样的糖果点心、鸡鸭鱼肉都有。我和父亲都饿了,我多馋啊!但不敢,也不忍心叫父亲买。父亲从家里带了粽子,找个偏僻的地方,父子俩坐下吃凉粽子。】

(1)你有什么发现?

("人山人海,但我和父亲却在一个偏僻的地方吃东西;有很多好吃的,但我们吃的却是凉粽子。")

(2)这样的对比有什么作用?

(能够突出家境的贫寒)

2.这样的对比,其他场景里还有很多,请你们快速浏览课文,用笔画一画。

3.沈老师看到很多同学都举手了,我们来交流一下。

【我半夜被臭虫咬醒,身上被咬的都是大红疙瘩。但是却不肯加钱换房间。

我很馋,但不敢,也不忍心叫父亲买。

热闹的庙会,有许多好吃的东西,但我和父亲却找了偏僻的地方吃凉粽子。

父亲用几片玻璃和彩色纸屑等糊了一个万花筒,却是我童年唯一的也是最珍贵的玩具了。

父亲是男的,却在腰里围了母亲陪嫁的粉绿色丝绸汗巾。

钱很紧,但家里愿意把钱都花在我身上。

这是我第一次真正心酸的哭,与在家里撒娇的哭、发脾气的哭、打架的哭都大不一样,是人生道路中品尝到的新滋味了。

姑爹小船上盖的只是破旧的篷,远比不上绍兴的乌篷船精致。但姑爹的小渔船仍然是那么亲切,那么难忘……我什么时候能够用自己手中的笔,把那只载着父爱的小船画出来就好了!】

4.对比中藏着作者的深意,有些,我们一读就明白,有的却要反复品味。我们来看看这两处对比。

【出示:

这是我第一次真正心酸的哭,与在家里撒娇的哭、发脾气的哭、打架的哭都大不一样,是人生道路中品尝到的新滋味了。

姑爹小船上盖的只是破旧的篷,远比不上绍兴的乌篷船精致。但姑爹的小渔船仍然是那么亲切,那么难忘……我什么时候能够用自己手中的笔,把那只载着父爱的小船画出来就好了!】

(1)请同学们先自己读一读第一处对比。

(2)将这种心酸的哭与以往各种哭作对比,你们能感受到这种心酸的哭里有着作者怎样的情感?

(既有感动、自责,也有对父亲的心疼。)

我们再来一起读一读这句话,用柔和的声音读出作者当时的感动、自责与心疼。

5.我们再来看看这一处对比,也先自己读一读。

【出示:姑爹小船上盖的只是破旧的篷,远比不上绍兴的乌篷船精致。但姑爹的小渔船仍然是那么亲切,那么难忘……我什么时候能够用自己手中的笔,把那只载着父爱的小船画出来就好了!】

(1)这句子里把什么和什么做了对比?你来说。

(是的,把姑爹破旧的小渔船与绍兴精致的乌篷船做对比)

(2)在作者的心里,哪种船让他觉得更亲切,更难忘?(姑爹破旧的小渔船)

(3)为什么作者会有这样的感受？(因为父亲总是借姑爹的小渔船送作者上学或者考学,可以说作者艰辛的求学之路、父亲的深爱都是与小渔船紧密联系在一起。)

(4)其实,在这几句话里还藏着一处对比。我们通过资料了解到吴冠中先生是著名的画家,在海内外享有很高的声誉。他其实画了很多与舟有关的名画,我们一起来欣赏下。你们觉得画得怎么样？但是他却说——(引出:我什么时候能够用自己手中的笔,把那只载着父爱的小船画出来就好了！)

6.为什么吴冠中先生会觉得自己画不出这只载有父爱的小船呢？

(因为这艘小渔船里,载着父亲对他的关爱,对他成才的厚望,对他一生的美好祝愿。船能画出来,但这份深情却是怎么也画不出来的。)

7.我们带着这样的理解,再来读读这句话。

板块三:聚焦课题,升华文章情感

1.作者采用倒叙的手法,描写了一个个动人的场景。在那时那刻那些场景里,他已然感受到了——(指着板书说)(父亲对他的疼爱、理解、期望、呵护、重视、照顾、保护……)

2.当他写这篇散文的时候,父亲已经不在了,那么多年后,他再回想起这些场景,这些事,他的心情是怎样的？他给这篇文章起名为《父爱之舟》,又有怎样的深意呢？请同学们自己想一想,写一写。

(是啊,就像同学们说的,这只载着父爱的小舟陪伴着作者成长,给了作者童年的快乐、幸福,给了他不断努力的力量。所以无论何时何地,看到小舟,作者想到的是——父亲,画小舟,画的就是自己与父亲的一件件往事,一个个场景,父爱之舟表达的是作者对父亲的——怀念、感激……)

(板书:抒情 怀念 感激……)

作业设计:

吴冠中先生不仅写了有关父亲的文章,还写了一篇《我的母亲》。沈老师把它印在了作业单里,请你们认真读一读,完成作业单。

《父爱之舟》作业单

学习目标： 1.能读准生字"栈、跷"等，会写"考、糖"等13个生字，理解"粜稻"等词语的意思。 2.能根据地点变化，梳理课文描写的八个场景。 3.能抓住父亲行动的细节，感受父亲形象的伟大。 4.能抓住文中的对比，体会父亲对孩子深沉的爱，理解"父爱之舟"的深意。	□读一读，选一选。 客栈(zhàn jiàn)　　高跷(qiāo qiào) 载着(zǎi zài)　　三年五载(zǎi zài) □记一记，抄一抄。 　考试　　糖果　　启迪 　枕边　　煮饭　　毕业 _____ _____ □想一想，说意思。 粜稻　泥灶　摇橹　乌篷船
□读一读课文，根据地点变化，用一句话概括场景。 ①_____ ②_____ ③_____ ④_____ ⑤_____ ⑥_____ ⑦_____ ⑧_____	□试一试用小标题概括每个场景。 ①_____ ②_____ ③_____ ④_____ ⑤_____ ⑥_____ ⑦_____ ⑧_____
□抓住父亲行动的细节，感受父亲形象，试着用关键词概括。 ①_____ ②_____ ③_____ ④_____ ⑤_____ ⑥_____ ⑦_____ ⑧_____	□想一想。 1.文中的这些场景可以打乱顺序吗？ 2.这些场景中，哪几个有共同点？
□读一读，找一找其中的写作秘密。 　　我看各样彩排着的戏人边走边唱，看踩高跷走路，虾兵、蚌精、牛头、马面……人山人海，卖小吃的挤得密密层层，各式各样的糖果点心、鸡鸭鱼肉都有。我和父亲都饿了，我多馋啊！但不敢，也不忍心叫父亲买。父亲从家里带了粽子，找个偏僻的地方，父子俩坐下吃凉粽子。	□作者为何以"父爱之舟"为题，写写你的理解。 _____ _____ _____ _____ _____ _____

吴冠中《我的母亲》(节选)

我的母亲是大家闺秀,换句话说,出身于地主家庭。但她是文盲,缠过小脚,后来中途不缠了,于是她的脚半大不小,当时被称为改良脚。

我对母亲的最早记忆是吃她的奶,我是长子,她特别偏爱,亲自喂奶喂到四岁多。以后她连续生孩子,自己没有了奶,只能找奶妈,我是她唯一自己喂奶的儿子,所以特别宠爱。宠爱而至偏爱,在弟妹群中我地位突出,但她毫不在乎弟妹们的不满或邻里的批评。她固执,一向自以为是,从不掩饰她自己的好恶,而且标榜自己的好恶。

母亲选的衣料总很好看,她善于搭配颜色。姑嫂妯娌们做新衣听她的主意,表姐们出嫁前住到我们家由母亲教绣花。她利用各色零碎毛线给我织过一件杂色的毛衣,织了拆,拆了织,经过无数次编织,终于织成了别致美观的毛衣,我的第一件毛衣就是她用尽心思的一种艺术制作。她确有审美天赋,她是文盲,却非美盲。父亲只求实效,不讲究好看不好看,他没有母亲那双审美的慧眼。

上帝给女人的惩罚集中到母亲一身:怀孕。她生过九个孩子,用土法打过二次胎,她的健康就这样被摧毁了。她长年卧病,不断服汤药,我经常帮忙解开一包包的中药,对那些死虫枯根之类的草药起先好玩,逐渐感到厌恶。后来医生要用童便,母亲便喝弟弟的尿。因为母亲的病,父亲便不再去无锡教书,他在家围起母亲的围裙洗菜、做饭、喂猪,当门外来人有事高叫"吴先生!"时,他匆促解下围裙以"先生"的身份出门见客。从高小开始我便在校寄宿,假日回家,母亲便要亲自起来给我做好吃的,倒似乎忘了她的病。有一次她到镇上看病,特意买了蛋糕送到我学校,不巧我们全班出外远足(旅游)了,她不放心交给收发室,带回家等我回家吃。初中到无锡上学,学期终了才能回家,她用炒熟的糯米粉装在大布口袋里,教我每次冲开水加糖当点心吃,其时我正青春发育,经常感到饥饿。

父亲说他的脑袋一碰上枕头便立即入睡,但母亲经常失眠,她诉说失眠之苦,我们全家都不体会。她头痛,总在太阳穴贴着黑色圆形的膏药,很难看,虽这模样了,她洗衣服时仍要求洗得非常非常干净。因离河岸近,洗任何小物件她都要到河里漂得清清爽爽。家家安置一个水缸,到河里担水倒入水缸作为家用水。暑假回家,我看父亲太苦,便偷着替他到河里担水,母亲见了大叫:"啊哟哟!快放下扁担,别让人笑话!"我说没关系,但她哭了,我只好放下扁担。

巨大的灾难降临到母亲头上。日军侵华,抗战开始。日军的刺刀并没有吓晕母亲,致命的,是她失去了儿子。我随杭州艺专内迁,经江西、湖南、贵州、云南至重庆,家乡沦陷,从此断了音信。母亲急坏了,她认为我必死无疑,她曾几次要投河、上吊,儿子已死,她不活了。别人劝,无效,后来有人说,如冠中日后回来,你已死,将急死冠中。这一简单的道理,解开了农村妇女一个扣死的情结。她于是苦等,不再寻死,她完全会像王宝钏那样等十八年寒窑。她等了十年,我真的回到了她的身边,并且带回了未婚妻,她比塞翁享受了更大的欢欣。

苦难的岁月折磨我们,我们几乎失落了关怀母亲的间隙和心情,我只在每次下江南时探望一次比一次老迈的母亲。儿不嫌娘丑,更确切地说是儿不辨娘是美是丑,在娘的怀里,看不清娘的面目。我的母亲有一双乌黑明亮的眼睛,人人夸奖,但晚年白内障几近失明,乡人说她仍摸索着到河边洗东西,令人担心。我的妹妹接她到镇江动了手术,使她重见天地,延续了生命。父亲早已逝世,年过八十的母亲飘着白发蹒跚地走在小道上,我似乎看到了电影中的祥林嫂,而她的未被狼吃掉的阿毛并未能慰藉她的残年。

资料： 　　吴冠中，1919年出生，他生于一个乡村教师家庭。他是中国现代著名画家，在美术创作和美术教育上取得了巨大成就，致力于油画民族化和中国画现代化的探索，在海内外享有很高声誉。曾在巴黎高等美术学校进修，回国后任教于中央美术学院等。	□读一读，试着用小标题概括每个场景。 ①_____ ②_____ ③_____ ④_____ ⑤_____ ⑥_____
□抓住细节，感受母亲形象，用关键词概括。 ①_____ ②_____ ③_____ ④_____ ⑤_____ ⑥_____	□这篇文章表达了作者对母亲怎样的情感。

板书设计：

　　　　　　父爱之舟　　回忆性散文

忆事　买枇杷　欲换房　陪逛庙会　糊万花筒　背我上学　筹集学费　送我报考　送我入学　成长

写人　疼爱　心疼　理解　期望　重视　照顾　保护　细节描写

抒情　怀念　感激　对比

"一课三磨"的影响

　　工作的第三年，我第一次加入学校的"一课三磨"活动。那时是被领导点名的，还是毛遂自荐的，我已经记不清了，但是磨课的那种感受却仍是鲜活的。

一、一磨时的自信

　　年少无知的时候，自我效能感总是很好的。还记得第一次参与"一课三磨"

活动，就接到了独立备课的任务。于是，一磨前，查阅了各种资料，认真备了课。当时，我感觉自己已经设计出了很完美的教案，幻想着能够在这次活动中一鸣惊人。我，一个青涩的教师，自信满满地讲述了自己的教学设计、教学理念。本以为会得到当时负责磨课的沈玉芬校长的认可，但是随着她点评的深入，我的头越垂越低，眼里也泛起了泪光。她指出："一杯茶太满了，就会溢出来。一篇课文可以教的点很多，但如果都想在一节课上呈现出来，就会出现繁、杂、浅的恶果。不仅学生的知识和能力得不到真正意义上的成长，反而会使他们像个机器一样，跟随着你快速的节奏，凌乱地踏步。"听完沈校长的话，面对围坐成一圈的同事，我当时是多么希望自己能够凭空消失掉。那时的心情，真的就像坐过山车一样，从最高点突然直接坠到了最低点，可以说期望有多高，失望就有多深吧。我知道，如果我没有那份傻傻的自信，没有那份过高的期盼，我也不会感觉到那般尴尬和窘迫。

但如今想来，我觉得每一个阶段都是重要的，唯有认识到自己曾过度地自信过，才能在往后的教育教学中，始终以谦虚的姿态前行。

二、二磨时的忐忑

有了一磨的灰色经历，二磨时的我有点像摸不清方向的小玩偶。虽然根据前辈们的建议修改了教学设计，但是我总觉得不能把前辈们的建议很好地吸收和表达。如今想来，那是一种自我否定在作祟。

一磨是说课，二磨是课堂展示。由于过度紧张，由于不够自信，我的课堂表现反而没有平时的家常课好。我忐忑地走下讲台，看都不敢看听课教师，特别是沈校长，就径直地走向听课区随意找了个位子坐下了。我不知道我是怎么听完别的教师上的课的，只觉得自己的脸一直烫烫的，心一直怦怦跳。

等到磨课的三位老师都展示完后，沈校长及一群有经验的前辈教师开始对我们的课进行点评。这次沈校长并没有先评课，而是静静地听别的教师对我们的课堂表现做评价。当轮到我接受大众"审判"的时候，我的身子是蜷着的，头是缩着的，手心里都是汗。虽已记不清每位教师具体说了些什么，但回想起来，似乎都是些温和的话。他们每个人都会先表扬我的某一个方面，然后再指出我的不足之处，而且指出不足之处时的语气都是商量式的。这样的点评风格完全不同于一磨时的点评风格，在一磨的时候，几乎每位点评教师都是"刽子手"，他们会直言不讳地指出我们的错误。

待众位老师点评完后，沈校长看了我和另外两位磨课教师一眼，脸上也出现了浅浅的微笑。她先是表扬了我们三位上课教师的教学设计，认为我们的设计内容相较于一磨时更为精简，板块也更为聚焦了。现在回想起来，当时她对我们的赞赏，其实就是把我们身上的"芝麻"夸成了"西瓜"。作为师者，除了鼓励，也定少不了要给出中肯的建议。沈校长在表扬了我们之后，又分别给了我们一些新的修改建议，用现下流行的话来说，那就是"干货"。

二磨以忐忑的心情开始，以舒畅的心情结束。我带着自己的"干货"，重新整理教案，准备好好迎接三磨。

三、三磨时的兴奋

有了一磨、二磨的经历，我的小心脏的修炼等级也升高了不少。我既认识到了自身存在的不足，也看到了前辈们的善意。他们让我告别了初生牛犊的莽撞，试着做一个静下心来思考的教师。

磨课前，我只是听过"组块教学"，并不知道如何在我的教学设计中落实"组块"二字。经过两轮的磨课，我才真正意识到了一点"组块教学"的内涵。在手把手的教导中，我的教学设计从原先的混乱不堪，变得清晰明朗起来。至此，"组块"的概念在我头脑中生根、发芽，在我的设计中逐渐显现。

二磨结束后，我依着"组块"的理念，带着许多教师的建议，再次修改我的教学设计。我将目标修改得清晰而明确，将教学活动设计得富有指向性。带着三改的教学设计，我进行了第二次的课堂展示。这次展示，我不再那么紧张，较为顺利地上完了整节课。对于才工作三年的我，对于第一次参加"一课三磨"活动的我,当时的内心是满足的、兴奋的。

三磨结束后,沈校长总算是放了我们一马,除了针对我们各自的教学设计和课堂展示情况给出了改进的意见外,她所说的让我印象最为深刻的一句话就是:"磨课没有止境,'组块'的学习也没有止境,继续努力吧!"

是的,虽然工作后第一次参与的"一课三磨"活动早已成为过去,但是那种感觉、那种经历却历历在目。正如漆黑的夜空中,有许多的星星,有的亮些,有的暗些,那些被赋予浪漫故事的织女星、冥王星……仿佛就是我之后所参加的众多的"一课三磨"活动,它们闪烁在我的记忆长河里,给予我坚定地行走在语文教育之路上的勇气和力量。

后　记

　　上进、好强的性格似乎从小就伴随着我，是我性格中与生俱来的东西，这在一定程度上给我带来了很多的好运。在学生时代，不论是学习成绩的优异，还是各种管理能力的提升，都得益于此。

　　工作后，我身上的这种上进、好强因子也在不停地叫喧。第一年上班，我就做了一年级的班主任。那时候每天早上我都会很早进班，给学生们讲各种有趣的故事。每次上新课前，我都要先跑去听师傅的课或者别的骨干教师的课。不得不承认，刚工作的我，真的不知道该怎么教孩子。一年级的知识在我看来极其简单，怎么把这些在我看来简单、孩子们看来可能很难的知识点教好，成了我每天思考的问题。

　　除了语文教学，班级管理也曾一度困扰我。当时我心里想的是：我不仅不能把班级带差，还要带好，要对得起这群可爱的孩子以及信任我的领导。于是，每天回家后，我都会看班级管理方面的书，印象特别深刻的一本书是《薛瑞萍的班级日志》，可以说薛老师的书给我提供了班级管理的很多具体方法。那一年，我总感觉自己的时间不够用，除了上课、管理班级，就是不断地学习。希望自己出类拔萃的心，的确给自己带来了好处。通过努力，我也得到了学校一些领导和教师的认可,成了别人眼中有方法、有能力的教师。

工作第三年,我参加了学校的"一课三磨"活动。现在想想,真的要感谢学校有这样的语文教研活动。我记得清清楚楚,那时候,我每个学期都会参加,每次基本上都是被磨的对象。当时,薛法根校长、沈玉芬校长总会陪着我们,陪我们一起解读教材,一起磨课,一起思考。他们的认真感染了我,他们的教导激励了我,天资不聪颖的我虚心地听取他们的意见,一点一点地成长起来。

后来,我参加了许多比赛,有A课、优质课、一师一优课、微课、全国性的作文赛课……所有这些我参加的比赛,都是在薛校长、沈校长、王校长等语文教育专家的齐心帮助下才取得了不错的成绩。每次赛课对我来说都是一种磨炼,很辛苦,很累,有时候也很受打击,但是我特别喜欢每次比赛顺利结束后的那种放松,因为那种放松里有着拼搏的身影。

除了赛课,我也参加了很多别的比赛,比如考查语文教师综合素养的小学语文素养大赛。我所在的盛泽实验小学真可以说是一所特别有奋斗精神的学校。在备考阶段,学校领导为大家寻找、搜集复习资料,组织考前模拟测验,因而在比赛中我获得了不错的成绩。如果你是一个有梦想的人,加入盛泽实验小学将会是一个特别好的选择。学校给青年教师的感觉就是:手拉手,牵着走。正是在这样的环境下,我练就了一项小小的本领,那就是:不害怕事多,只需一件一件认真去做,总能做好。被关心着、被指引着慢慢成长的我,何其感谢我的学校啊!

这一路走来,我也曾沮丧过,质疑过自己,但是好在每次想放弃的时候,身后总有一个可以依靠的肩膀支撑着我,告诉我不要放弃。我知道,成功与否往往在最辛苦的一瞬间,挺过去了我便能看到美丽的彩虹。

未来,我仍旧会以"组块教学"为基石,以阅读为养料,行走在教育的路上。不管路途中是一汪汪碧水,还是黄沙飞扬的漠土,前行注定是最美的风景。

沈静怡

2020年5月21日